Stella Whitelaw · Judy Gardiner
Mark Ronson

Die Katzenfrau

Zwölf wundersame Katzengeschichten

Albert Müller Verlag
Rüschlikon-Zürich · Stuttgart · Wien

Umschlagbild: Peter Geier

Aus dem Englischen übersetzt von Marta Jacober-Züllig. – Titel des englischen Originals: «Grimalkin's Tales», erschienen bei Arrow Books Limited, London.
 – ISBN 3-275-00886-2. – 1/5-86. Printed in Switzerland.

Inhalt

1 Der fliegende Kater

Stella Whitelaw

Es begann an einem seltsam stillen Morgen; kein Blatt bewegte sich, und selbst die Schmetterlinge verharrten ruhig über den Blumen. Die tote Ulme reckte ihre aschfarbenen Äste zum Himmel und wartete auf die Axt, die so lange nicht kam. Eine Meile höher trug eine gecharterte Tri-Star gähnende Frühaufsteher ihrem Gruppenurlaub in Mallorca entgegen; dem sanften Murmeln folgten Kondensstreifen am Himmel.

Leopold trat den tauigen Klee mit zarten Pfoten. Er war ein großer rotweißer Kater mit einem breiten, erstaunten Gesicht und buschigen Wangen. Seine Augen, grün und glänzend, trugen zu seinem verblüfften Ausdruck bei. Er lebte ein unkompliziertes Leben; er aß und schlief; hin und wieder fing er einen Vogel oder eine Maus, nur um nicht aus der Übung zu kommen.

Die Familie, bei der er wohnte, war, was Leopold bei sich kleinkariert nannte. Sie hatten alles – zwei Autos, zwei Farbfernseher, einen Videorekorder, wandfüllende Stereoanlagen und einen Tiefkühler, in dem ein Wal Platz gefunden hätte. Dazu jede einzelne Haushaltmaschine, die es gab. Und trotzdem waren sie entsetzlich geizig. Für ihn kauften sie markenloses Katzenfutter, einen Mischmasch aus nassen Flocken und undefinierbaren Fleischabfällen; nie bekam er frische Leber oder Fisch zu schmecken. Sie tranken den billigsten Kaffee, kauften zerbrochene Kekse und schnitten alle Gutscheine aus den Zeitungsreklamen aus. Sie waren wirklich kleinkariert.

Auch ihre Liebe war kleinkariert. Wenn Leopold auf einen leeren Schoß sprang, wurde er hastig hinuntergewischt. «Weg von meinem Anzug! Du machst mich ganz voll Haare!» sagte der kleinkarierte Mann ungeduldig.

Die kleinkarierte Frau war ebenso schlimm. Auch ihre Kleider waren nichts für eine Katze. Der einzige Mensch, den Leopold mochte, war die Tochter Dana, aber sie war so vollbeschäftigt mit Schulnoten und Freunden, daß Leopold sie nur sah, wenn sie spät aus einer Diskothek heimkam und die beiden die gemütliche Ruhe einer Zwei-Uhr-früh-Küche teilten.

Als Leopold seinen Morgenspaziergang im Garten machte, hörte er ein feines Zirpen. Sein Magen zog sich zusammen, er war hungrig. An das Essen vom Vorabend dachte man am besten gar nicht, und Frühstück bekam er nicht, ehe er eine Stunde draußen gewesen war. Das war auch eine ihrer seltsamen Regeln. Sie selbst aßen, wie Leopold bemerkt hatte, zerbrochene Kekse, wann immer sie Lust dazu hatten.

Leopold schlich dem Zirpton nach. Es war ein Drosseljunges, zart braun und weiß gesprenkelt, ein großes, flaumiges, hilfloses Geschöpf; es schaute Leopold mit glänzenden, vertrauensvollen Augen an. Es torkelte ein paar Schrittchen weit und fiel dann auf seine Brust. Leopolds erstauntes Gesicht wurde vor Freude scharf. Hier war offensichtlich eine Art von Wild. Er betupfte die weichen Federn mit vorsichtiger Pfote. Der Vogel zirpte zustimmend und hüpfte noch mal ein bißchen. Ein paar Bäume weiter weg hörte die Drosselmutter die Rufe ihres Jungen, war aber nicht beunruhigt. Es mußte lernen, allein zu fliegen.

Plötzlich sprang Leopold zu. Der Nacken des Jungen hing schlaff in seinen Kiefern. Leopold knurrte einen tiefen, kehligen Dschungellaut, ein Echo von seinen wilden Vorfahren. Stolz trug er sein Opfer, während die Federn aus seinem Mund herausstanden wie ein Schnurrbart. Langsam zerbiß er den winzigen Körper; Blut sickerte auf das weiße Fell unter seinem Kinn.

Die Drosselmutter geriet außer sich. Sie schoß verzweifelt von Zweig zu Zweig. Sie flog tief über die rote Katze und die Reste ihres Kindes hinweg, mit lauten, schmerzlichen Schrilltönen. Aber es war zu spät. Sie konnte nichts mehr ausrichten. Sie faßte noch mal die große Katze ins Auge und flog dann blind in die leere Luft hinein.

Es gab da eine hohe Eiche, auf die Leopold gerne kletterte. Er wagte sich nie weit hinauf, denn er kannte seine Grenzen. Aber heute lag das Vogeljunge schwer in seinem Magen, und Leopold kletterte höher, in der Hoffnung, das unangenehme Gefühl loszuwerden. Die dicken, wirren Äste gaben ihm keinen Anhaltspunkt, wie hoch oben er war. Er stieg weiter, höher und höher, und sprang von Krallenhalt zu Krallenhalt. Es war windstill, die Zweige waren fast reglos, und Leopold fühlte eine trügerische Sicherheit. Als ein gebrochener Ast die Durchsicht auf das Land freigab, war Leopold höchst erstaunt. Er konnte die Wipfel anderer Bäume, mit grünen Kissen ausgelegt, tief unter sich sehen. Der Garten seines Hauses war ein undeutlicher Farbfleck. In der Ferne ragte der Kirchturm, fast auf Augenhöhe. Ein Helikopter kam in Sicht. Er hielt direkt auf die Eiche zu, und seine Rotorblätter schnatterten häßlich.

Leopold sprang rückwärts. Er vergaß, daß er sich auf einem Ast hoch in einem Baum befand. Er fiel rückwärts, Kopf über Pfoten, durch eine Lawine von Blättern und brechenden Zweigen, und als er dem Erdboden entgegenstürzte, sauste der Wind durch seinen Schnurrbart und blitzte zuweilen der Himmel vor ihm auf.

Hilflos spreizte er die Pfoten, zum großen Katzengott im Himmel flehend. Er schloß fest die Augen. Er wollte nicht sehen, was ihn erwartete.

Leopold spürte erstmals, daß sich etwas verändert hatte, als das Brausen des Windes in seinen Ohren zu einem leisen Flüstern wurde. Er fiel noch immer zur Erde, aber nicht mehr in einem zerschmetternden, stoßgeschüttelten Sturz. Ihm schien, er schwebe. Vielleicht war er gestorben.

Er öffnete ein Auge einen winzigen Spalt weit. Er sah den japanischen Ahorn, eine Buchenhecke und unter ihm ein Beet knospender, prüd geschlossener Dahlien. Er landete mitten in den Blumen und schüttelte sich.

«Raus aus den Dahlien!» schrie die kleinkarierte Frau von einem Schlafzimmerfenster aus.

Leopold entwirrte sich würdevoll aus den gebrochenen Blumen und schritt davon, ein eingerolltes gelbes Blütenblatt hinter dem

Ohr wie eine Hulatänzerin aus Hawaii. Er mußte über zu vieles nachdenken, als daß er sich ob seiner Erscheinung Sorgen gemacht hätte.
Nach dem Frühstück setzte er sich vor die Eiche und schaute sie an. Sie sah wirklich sehr hoch aus. Was war mit ihm geschehen? Wie konnte er von einer solchen Höhe gefallen sein und überlebt haben? Er wußte, daß Katzen vom Dach eines Hauses fallen und unverletzt auf den Füßen landen konnten, aber dieser Baum war wenigstens drei Häuser hoch, fand Leopold. Schließlich schlüpfte er ins nahe Gehölz, wo er allein war und wo der schwarze Stamm eines vom Blitz getroffenen Baumes einsam und ungeliebt stand. Er stieg auf den schwarzen Strunk, und erschnupperte den noch schwach wahrnehmbaren Schwefelgeruch. Er saß in der Astgabel und schaute auf den Teppich von Tannennadeln hinab. Er war etwa zweieinhalb Meter über der Erde. Er konnte entweder der verkohlten Rinde entlang hinunterklettern, oder er konnte springen.
Er sprang. Er erwartete, in etwa anderthalb Sekunden auf den Tannennadeln zu landen. Aber seltsamerweise schien er zu schweben. Er landete nach etwa vier Sekunden. Es war rätselhaft.
Er dachte eine Weile nach und beschloß dann, den toten Stamm nochmals zu besteigen. Diesmal sprang er von der Astgabel aus. Nach sechs Sekunden landete er ein paar Meter entfernt im Heidekraut.
Die Sache fing an, ihm Spaß zu machen. Was konnte es schon schaden, wenn er einen Nachmittag lang von einem alten Baum heruntersprang? Nichts wie los! Er kletterte rasch, wie ein roter Pfeil, wieder hoch. Und er sprang wieder ganz vergnügt mit gespreizten Pfoten und war gespannt, wo er wohl diesmal landen würde.
Plötzlich sah er unter sich einen Busch von Nesseln. Nesseln kannte er, trotz seines dicken Fells. Seine rosa Nase war besonders empfindlich. Entsetzt breitete er weit die Pfoten aus und segelte über den Busch. Ohne zu denken, hob er seine beiden

rechten Beine und flog in flacher Kurve zu einem Stück offenes Land.
Als er an diesem Abend heimkam, schalt ihn die Familie, er sei zu spät fürs Abendessen. Sie saßen vor dem Fernseher und tauchten zerbrochene Kekse in wäßrigen Kaffee. Leopold leckte an den vertrockneten Brocken, die vom Frühstück her an seiner Schale klebten. Sein Wasser war nicht erneuert worden und praktisch schon verschlammt. Er sprang aufs Spülbrett und reckte sich dem tropfenden Wasserhahn entgegen.
«Runter vom Spülbrett, du Mistvieh!» schrie die Frau. Leopold tat wie geheißen. Als er sprang, wollten sich während des Bruchteils einer Sekunde seine Pfoten spreizen, aber angeborene Vorsicht ließ ihn sich versteifen, und er landete ungeschickt, ohne Gleichgewicht.
«Mach das ja nicht wieder! Das ist verboten.»
Er saß im Dunkeln auf der Haustreppe, bis Dana von ihrer Verabredung heimkam. Sie schniefte in ein zerknülltes Taschentuch, und das Make-up ihrer Augen war zu Pandaflecken zerronnen. Sie wärmte sich eine Tasse milchigen Kakaos und goß Leopold eine große Schale davon ein. Sie wußte, wo ihr Vater ein Päckchen Schokoladebiskuits versteckt hatte, und nahm davon; die verbleibenden Biskuits verteilte sie neu, damit er nichts merken sollte.
«Natürlich kann ich ihnen nicht von Roger erzählen», sagte sie zum Kater und streichelte seine Ohren. «Sie würden nicht verstehen; er hat ja kein Geld und keine Stelle. Sie würden es nie verstehen.»
Leopold nahm zierlich die heruntergefallenen Brosamen auf. Nein, sie würden nie verstehen. Am nächsten Morgen war er an der Tür und wartete darauf, hinausgelassen zu werden; kaum hatte sie sich einen Spalt weit geöffnet, war er schon hinausgeflitzt. Den ganzen Tag übte er an immer höheren Bäumen. Das Fliegen erfüllte ihn mit Heiterkeit. Mitte des Nachmittags gab er sich zu, was er sich seit seiner wunderbaren Rettung aus der großen Eiche gefragt hatte.

Sein neues Können erfüllte ihn nicht nur mit Freude und Spannung, sondern war der Schlüssel zu etwas weit Wichtigerem: zur Flucht. Selbstsicher wanderte er zum Haus zurück, ohne sich darüber zu ärgern, daß sein Abendessen trotz des verpaßten Frühstücks nicht reichlicher ausfallen würde.
«Hast du dir zum Frühstück ein Mäuschen gefangen?» fragte die kleinkarierte Frau und kratzte das letzte bißchen Brei aus der Büchse. «Brave Katze.»
Die brave Katze schlang ihr widerliches Futter hinunter. Es war jetzt wichtig, Kräfte zu sammeln. Als Leopold abends die Familie weggehen sah, stieg er aufs Hausdach, ging um die Fernsehantenne herum und sprang auf den flachen Deckel des Kamins. Da saß er lange Zeit, den Schwanz zierlich über die Füße gelegt. Es mangelte ihm nicht an Mut, aber dies war das erstemal, daß er beabsichtigte, von etwas anderem als einem Baum hinunterzuspringen. Vielleicht waren ja die Bäume das Wichtige an der Sache ... Aber wenn er sitzenblieb, würde er das nie herausfinden.
Er schritt ins Leere und breitete automatisch seine Pfoten aus, Krallen hervorgestreckt, Schwanz versteift, Kopf erhoben. Diese Bewegungen bremsten seinen freien Fall. Dann legte er sich sorgfältig in eine weite Kurve, wobei seine glänzenden Augen vor lauter Konzentration beinahe schielten. Er segelte über den Garten, überflog die Dahlien, hob sich über die Hecke und stieg steil auf, als er einem mächtigen Rhododendron-Busch begegnete. Die Abendluft war kühl und friedlich, als er sich zu einem reinen, geraden, genau berechneten Senkrechtaufstieg entschloß; seine Schnurrhaare zuckten im vermehrten Luftwiderstand. Er zwinkerte zwei entsetzten Sperlingen zu, die auf dem Heimflug waren. Zuoberst schloß er seine Pfoten zusammen, senkte den Kopf und glitt mit stromlinienförmigem Schwung auf das Flachdach einer Nachbarsgarage. Er hatte es geschafft. Er brauchte keine Bäume.
Von da an gab es für Leopold kein Halten mehr. Er sprang von allem und jedem herunter. Sein größter Tag kam, als es ihm

gelang, in die Glockenstube der Kirche hinaufzuklettern und dann über die steile Leiter, die an der Seite des Kirchturmdachs mit Stahlklammern verankert war. Er und der Wetterhahn hatten furchtbar wenig Platz da oben. Der trübe Metallgockel drehte sich quietschend, denn er war offensichtlich defekt, und stieß Leopold beinahe von seinem Halt weg. Leopold startete in perfektem Schwalbenflug und schwebte ohne Anstrengung auf etwa dreißig Meter Höhe. Warmluftströme trugen ihn wieder höher, und er genoß das Gefühl von Raum und Freiheit. Unter ihm reihten sich Häuser und Gärten meilenweit. Dunkelgrüne Flecken waren alles, was von den großen Waldungen übriggeblieben war, die einst die Hügel bedeckten. Er flog über den häßlichen grauen Gaskessel hinweg und folgte aus Spaß einem schlangengleichen Eisenbahnzug, der über die Gleise schwankte. Die Menschen waren ganz klein, gingen auf Streichholzbeinen wie auf Stelzen, hatten den Kopf gesenkt und waren in Sorgen und Träume eingehüllt. Niemand bemerkte eine große rotweiße Katze, die unbekümmert über ihren Köpfen dahinflog.
Er wurde abenteuerlustiger und erforschte das umliegende Land, die Nachbarortschaften. Er folgte der Themse bis London, blieb aber nicht lange zwischen den Hochhausblöcken und Bürowolkenkratzern. Der Luftverkehr störte ihn, und die Tauben waren unhöflich.
«Eben habe ich eine Katze vorbeifliegen sehen», sagte ein verdutzter Fensterreiniger auf seinem Hängegerüst in der Höhe des 21. Stockwerks eines riesigen Gebäudes.
«Ist wohl aus dem Fenster gefallen», meinte sein Kollege düster und rieb an einer dunkel spiegelnden Fensterscheibe. «Oder wurde vielleicht rausgeschmissen.»
«Sie flog aber. Es war eine rote Katze.»
«Wir haben eine kleine Tigerkatze. Leistet meiner Alten Gesellschaft.»
Der Fensterputzer blinzelte gegen die Sonne. Was immer es gewesen war: Man sah es jetzt beinahe nicht mehr, denn es schwebte über der Sankt-Pauls-Kathedrale, deren Kreuz glei-

ßend herüberfunkelte. Vielleicht war es ein roter Vogel gewesen. Er schloß fest den Mund und arbeitete wieder. Er wollte seinen Job nicht verlieren.
Natürlich konnte Leopold sein Geheimnis nicht ewig wahren. Er wurde unvorsichtig. Die Familie gab eine Party mit verwässertem Gin und verbilligtem Whisky, um die Beförderung des kleinkarierten Mannes zu feiern. Während sie aufräumten, schlich Leopold zwischen den Stühlen herum und suchte Bröckchen von Cocktail-Snacks. Wenn die dem üblichen kulinarischen Standard des Hauses entsprachen, hatten die meisten Gäste sicher ganze Happen fallen lassen. Er fand auf einem feuchten Toaststreifen hinter einer Topfpflanze ein mitleiderregendes Krebschen, das gar nicht übel schmeckte. Überdies hatten sie so alten, bröckligen Käse verwendet, daß er sich von den Ananas-Würfeln gelöst hatte und nun viele Käsestückchen auf dem Boden lagen.
Die Frau hatte auch eine Sauce aus getrockneter Hühnersuppe und Büchsensahne zubereitet. Nicht viele Leute hatten davon gegessen, und es war eine Menge übrig. Als sie die Reste zusammenkratzte und überlegte, ob sie daraus wieder Suppe machen könnte, fiel ein dicker Klacks von ihrem Finger auf den Teppich. Leopold eilte zu Hilfe.
«Fort mit dir, verdammte Katze! Schau, was ich deinetwegen angerichtet habe!» schimpfte sie. Sie schlug mit dem in Leder gebundenen Gästebuch nach ihm. (Jemand hatte hineingeschrieben: «Welch unglaubliche Party, Liebling!»)
Das Buch erwischte Leopold an der Seite des Kopfs. Blitzschnell breitete er die Pfoten aus und flog auf die Vorhangleiste in Sicherheit. Die Frau war wütend, doch war ihr nichts Ungewöhnliches aufgefallen. Sie schlug wieder nach ihm, und da flog er quer durchs Zimmer auf ein gegenüberliegendes Gestell.
«Du Teufelskatze», schrie sie und überlegte, ob sie wohl genug Wasser in den Gin gegossen hatte.
«Mutti», sagte Dana, als sie die Gartentüre öffnete, um die rauchgeschwängerte Luft hinauszulassen. «Ich glaube, Leopold kann fliegen.»

Leopold schwang sich in die Nachtluft auf. Er teilte eine knorrige Eiche mit einer alten Eule und dachte an seine Zukunft. Sie wußten es jetzt. Vielleicht machte das nichts aus. Was konnte es ihnen schon bedeuten? Gewohnheiten sind stark, und zur Frühstückszeit nickte Leopold der Eule zu und schwebte heim. Er landete im Garten und wanderte zur Hintertür, sorglos mit dem Schwanz zuckend.
«Liebling», flötete die Frau und hob ihn in den Armen hoch, «liebster Leopold, du bist zu Mammilein zurückgekommen! Schau hier, trink diese schöne Milch.»
Leopold, gegen ihren zweitbesten Pullover mit goldfarbenen, münzenartigen Knöpfen gepreßt, bekam Angst. Sie duftete nach Moschus und Gesichtscreme. Er zappelte, aber sie hielt ihn eisern fest. Als er die Hintertür zufallen hörte, war ihm, als sei sein Schicksal besiegelt.
Sie verkauften ihn einem Zirkus. Als er im Laderaum des Cortina, den der Zirkusbesitzer steuerte, wegfuhr, umarmte sich die kleinkarierte Familie vor Vergnügen. Sie schwenkten ihren fetten Scheck und planten, noch mehr Autos und Fernseher zu kaufen und die Ferien auf den Bahamas zu verbringen.
Zwei Tage lang gefiel es Leopold recht gut im Zirkus. Sie sperrten ihn in einen großen Käfig, der nach Bär roch, und die Leute kamen ihn anschauen und brachten ihm feine Sachen wie Fisch und Chips, Hamburger und Pizza mit Sardellen.
Dann wog ihn der Zirkusbesitzer und setzte ihn auf Diät. Leopold durfte kein Gramm mehr zunehmen. Der Direktor nannte das Aerodynamik.
Leopold verstand den Zirkus nicht. Er war so hell und laut; seltsame Tiere knurrten in der Nacht. Das Futter war besser, als er es gewohnt gewesen war; allerdings vermutete er, daß er den Rest vom Löwenanteil bekam.
Die Schwierigkeiten fingen an, als Miß Dora, die Trapezartistin, sich weigerte, Leopold zu ihrer Plattform unter dem Zirkusdach hinaufzutragen. Sie weigerte sich standhaft, ihn auch nur zu berühren.

«Ich würde am ganzen Körper einen Ausschlag bekommen», sagte sie, und jedes Glitzersteinchen auf ihrem knappgeschnittenen Kostüm bebte vor Entrüstung.
Die Zirkusarbeiter bauten einen Korb, in dem Leopold auf die Plattform gehievt wurde. Leopold konnte das nicht ausstehen. Es wurde ihm übel, als er ruckweise immer höher in den Dämmer des Zirkusdachs schwankte. Er stieg auf die schmale Plattform hinaus und schaute sich höflich um. Es war wirklich sehr hoch oben. Miss Dora stand so weit von ihm entfernt wie möglich.
«Weg, weg!» sagte sie, und ihr gefiederter Kopfschmuck wippte mit jedem Wort. «Bleib mir vom Leibe!»
Jemand drehte ein Spotlicht an, das Leopold blendete. Er trat zur Seite, um das stechend weiße Licht zu vermeiden, verlor die Orientierung und fiel von der Plattform. Er fiel, von Furcht gelähmt, wie ein Stein und landete im Sicherheitsnetz. Sein Kopf und alle vier Beine staken in den Maschen; es war sehr unwürdig.
«Aber Leopold», sagte der Zirkusbesitzer langsam und nachdrücklich. «Wenn du da oben auf der Plattform bist, sollst du zur anderen Plattform hinüberfliegen.» Leopold sah ihn mit fragenden grünen Augen an. «Du sollst fliegen, wie Miß Dora. Aber weil du eine so gescheite Katze bist, brauchst du dafür ja auch kein Trapez.»
Miß Dora verzog das Gesicht. «Ich möchte meinen Auftritt nicht mit einer Katze teilen. Das ist demütigend.»
Leopold wurde wieder in den Korb gesteckt und erneut zur Plattform hochgeschaukelt. Wieder fiel er ins Netz. Schweiß trat auf die Stirn des Besitzers. Er hatte ein Vermögen eingesetzt.
Diesmal warf sich Leopold herum und verstrickte sich so tief in den Netzmaschen, daß sie ihn herausschneiden mußten. Er versuchte, seine Zufriedenheit zu verbergen, als er in den Käfig zurückgebracht wurde.
«Bitte», sagte der Zirkusbesitzer am Tag darauf und rang seine Hände, «bitte flieg für mich. Ich hab eine Menge Geld in dich investiert. Du willst doch nicht, daß der alte Joss Bankrott macht, oder?»

Miß Dora hatte sich dick mit Mückentod-Salbe eingestrichen, um von Leopold keinen gefährlichen Ausschlag zu bekommen. Der Geruch war entsetzlich. Er konnte ihn keine zwei Sekunden aushalten. Also sprang er mit Schwung von der Plattform, drehte zwei rasche Runden über der Arena, sah das Zeichen «Ausgang» und segelte geradewegs darauf zu. Er erwies dem Zirkuszelt eine kurze und elegante Reverenz und flog dann ins offene Land hinaus. Als er höher in den Himmel stieg, spürte er ein leichtes Kribbeln in den Pfoten; er war noch nie so hoch geflogen. Sein Schwanz war flach ausgestreckt, sein Fell füllte sich mit Luft, und die losen Hautfalten unter seinen Achseln blähten sich wie Fallschirme.

Leopold suchte das Meer. Er hatte schon ein Weilchen beabsichtigt, nach allen Regeln der Kunst fliegen zu lernen. Er fürchtete sich jedoch ein wenig davor, in den Bergen nach einem Adler oder Kondor zu suchen; sie waren so groß und unberechenbar. Möwen dagegen waren etwas ganz anderes. Und fliegen konnten sie, da gab's keinen Zweifel. Leopold würde sie genaustens beobachten.

Er war ganz überrascht, als er das Meer schließlich fand. Es war gar nicht so, wie er es sich vorgestellt hatte, sondern bestand aus Meilen und Meilen wogender blauer Wüste. Aber da waren Tausende von Seemöwen, die kreischten, tauchten und sich stritten. Leopold bewunderte besonders ihre präzisen Starts und Landungen auf dem Wasser.

Er stieg zum steinigen Strand hinunter, um ein bißchen Auffliegen zu üben, aber jedesmal landete er mit der Nase im Wasser. Es war scheußlich. Bald wurde ihm klar, daß er nicht sehr gut fliegen konnte, wenn sein Fell naß war.

«Hau ab, hau ab», schrien die Möwen, als Leopold wieder kopfvoran ins Wasser schoß. Er versammelte seine Würde wie einen Bademantel um sich und ging in die Heide, um sich zu trocknen.

Als er die Klippen fand, wußte er, sein Problem war gelöst. Ihre bloße Höhe war eindrücklich, und die großartige, zerklüftete

Felswand erfüllte Leopold mit bebendem Stolz. Hier würde er sich niederlassen. Er würde eine Klippenkatze werden, die so sicherfüßig wie Tarzan in der Felswand herumsprang, sich ihr Futter im Gestrüpp oberhalb fing und in einer kleinen Höhle schlief. Er konnte den ganzen Tag die Möwen beobachten und ihre Geheimnisse lernen. Er würde von den Klippenhöhen aus fleißig üben und experimentieren und seinen Flug dem ihren angleichen. Es würde wundervoll werden.
Die Seemöwen waren ob diesem merkwürdigen fliegenden Wesen etwas beunruhigt. Sie wußten, daß Katzen Vögel aßen, aber was war das denn für eine Art Katze? Sie halfen sich mit einem Mafioso-Trick und ließen hie und da eine frischgefangene Makrele zu Leopold hinunterfallen, damit er sich nicht an ihnen vergreife. Das paßte Leopold ausgezeichnet. Er hatte gar keine Lust auf einen Mundvoll nasse Federn.
Leopold aß gut. Frische Fische, Kaninchen und Mäuse; zum Trinken gab es Tau aus duftenden Morgenpfützen im silbernen Sonnenschein. Er war sehr glücklich.
Sein Fliegen wurde besser. Er konnte viel länger in der Luft bleiben und brauchte weniger Kraft dazu. Er führte vor dem Landen fanatisch präzise Gleitflüge aus. Er versuchte, in der Luft anzuhalten und sich, das Herz im Hals, fallen zu lassen, um sich dann Sekunden, bevor er aufs Wasser traf, wieder hochzuschwingen. Er schlidderte in sorgloser Gelöstheit über die Meeresoberfläche. Er lernte den Looping, lernte im Sturzflug wie ein glühender Meteor herabzutauchen, und er erfand eine Siegesrolle, aus der er in den blauen Himmel hinaufstieg, bis alles so durchsichtig blau war, daß er Meer und Himmel nicht mehr unterscheiden konnte.
Als er sich, in Gedanken versunken, auf einem solchen Übungsflug befand, bemerkte er plötzlich, daß er nirgends mehr Land sah. Er kreiste, und seine grünen Augen suchten den Horizont ab. Er sah nichts Festes oder Vertrautes. Langsam flog er weiter und wußte nicht recht, welche Richtung er einschlagen sollte. Er hatte keine Ahnung, wie weit sich dieses Meerzeug ausdehnte.

Allmählich wurde er müde, da er in immer weiteren Kreisen flog. Schließlich merkte er, daß die Sonne nicht mehr schien und es immer dunkler wurde. Da er im Finstern sehr gut sah, hätte ihn dies nicht beunruhigt. Doch es war gar nicht Nacht; es war vielmehr eine Art drohender Düsternis, die von geballten Sturmwolken kam.
Leopold blickte auf, als er ein fernes Grollen hörte. Ein gewaltiger Orkan stand bevor, und er würde ihn erwischen. Er wußte, was geschah, wenn sein Fell naß wurde. Er wußte, was ihm bevorstand, wenn er ins Wasser niedergehen mußte. Tatsch. Kaputt. Aus mit Leopold.
Er flog tapfer weiter, obwohl sein Körper ihn schmerzte. Der erste große Regentropfen traf ihn genau zwischen die Augen. Er blinzelte und änderte seine Geschwindigkeit. Er mußte klaren Kopf behalten, sonst war er verloren.
Er versuchte, höher zu steigen, über den Sturm hinaus, doch es war zu spät. Die Donnerwolken waren dunkel und drohend, Blitze erhellten die rollenden Horrorgebilde. Fast wünschte er, er wäre noch beim Zirkus oder sogar bei der kleinkarierten Familie. Der Orkan ballte sich über ihm zu einer brodelnden schwarzen Masse, der Regen begann ihn wie Hammerschläge zu treffen. In Minuten war er völlig durchnäßt, sein flauschiges Fell an den Körper gepflastert. Er hob den Kopf, versuchte Höhe zu halten. Wild entschlossen kämpfte er ums Durchhalten und hoffte, sein monatelanges Üben würde ihm jetzt helfen. Aber er verlor dennoch an Höhe und Geschwindigkeit. Das dunkle Wasser unter ihm wogte in großen, weiß überschäumten Wellen, deren tiefe Täler einander jagten. Eine klitschnasse rotweiße Katze würde von diesem hungrigen Meer bald verschlungen werden.
Leopold konnte kaum mehr sehen. Wegen des entgegenpeitschenden Regens hielt er seine Lider fast ganz geschlossen. Er fiel, jämmerlich miauend.
«Jesus, Maria und Joseph! Jetzt regnet's doch tatsächlich Katzen! Komm, guter Kerl, wehr dich nicht. Mike Kelly hält dich ganz sicher.»

Leopold war von starken Armen aufgefangen worden; sie hatten seinen Fall gebremst. Es war ein Wunder. Er mußte direkt in die Arme eines Heiligen gefallen sein.
Der Heilige trug eine glänzend gelbe Ölhaut und einen breitrandigen Hut, von dem der Regen tropfte. Aus seinem gefurchten braunen Gesicht schauten die blauesten Augen, die Leopold je gesehen hatte.
«Wo kommst denn du her? Bist du aus einem Flugzeug gefallen? Ich nehme dich wohl am besten nach unten und trockne dich, bevor du dir den Tod holst.»
Mike Kelly trug Leopold in seine winzige Kajüte und rieb dessen Fell mit einem rauhen Tuch. Es war der kleinste Raum, den Leopold je gesehen hatte, für eine Katze sehr geeignet. Er schaute sich mit Interesse um. Das Zimmer stampfte und schwankte höchst merkwürdig, aber dem Mann machte es nichts aus, und so war das vermutlich in Ordnung.
«Nun mußt du halt hierbleiben», sagte Mike Kelly. «Ob du willst oder nicht. Ich segle rund um die Welt und werde noch wochenlang nicht an Land gehen. Dann kannst du abhauen, wenn du willst, oder mit mir nach Irland zurückkehren. Ganz nach Belieben. Mit mir auszukommen, ist nicht schwer. Was denkst du?»
Leopold hatte sich schon entschlossen. Niemand hatte ihn zuvor je um seine Meinung gefragt oder ihn als ebenbürtig behandelt.
«Ich brauche eine Schiffskatze und ein bißchen Gesellschaft», sagte Mike und öffnete eine Dose Büchsenmilch. «Du bist also grad recht gekommen. Du verdienst dir dein Leben, und wir werden es gut haben zusammen ...»
Es war der Anfang eines Lebens voller Zuneigung und Kameradschaft. Leopold segelte mit Mike durch die ganze Welt. Er folgte ihm zu merkwürdigen fernen Ländern und winters manchmal zu Mikes Haus in Südirland, wo der Katamaran repariert und neue Reisen geplant wurden.
Der Zirkusbesitzer klagte die kleinkarierte Familie wegen Betrugs ein. Der Prozeß zog sich vier Jahre hin, und schließlich ließ ihn der Richter fallen – man könne nicht weitermachen,

wenn keine Partei das Streitobjekt herzeigen könne. Die Kosten waren enorm, und die kleinkarierte Familie, die den Check verbraucht hatte, war recht schweigsam, als sie ein Treffen mit ihrem Bankdirektor vereinbarte. Dana war nicht dabei. Sie brannte statt dessen mit Roger durch und hauste mit ihm in einem Wohnwagen.

Leopold gab das Fliegen nicht ganz auf, obschon es eine Weile dauerte, bis er nach dem schrecklichen Orkan seinen Mut wieder fand. Er paßte auf, nicht zu hoch und nicht zu weit zu fliegen; er hatte begriffen, daß Navigation nicht seine Stärke war. Er entwickelte aber eine neue Technik, die ihm erlaubte, im Tiefflug auf dem Boot zu landen.

Falls Mike je bemerkte, daß seine Katze im Flug den Mast umkreiste, war er jedenfalls zu taktvoll, um davon zu sprechen. Manchmal hörte man ihn unheilige Bemerkungen über Phantastereien murmeln, oder dann verdächtigte er den irischen Whiskey.

Eines Tages, so schwor er, würde er ein Buch über Leopold schreiben. Aber wer würde ihm schon glauben?

2 Früher Sommer mit Katinka

Judy Gardiner

Das Frühjahr 1928 verbrachte ich im Kinderspital; ich hatte Diphtherie. Das Mädchen im Nachbarbett starb daran, aber ich machte mir zu viele Sorgen um meine eigene Zukunft, um ihre Abwesenheit groß zu bemerken. Ich hatte gehört, wenn man Diphtherie habe, müßten sie einem den Hals aufschlitzen, damit man nicht ersticke, und ich wollte das nicht. Nicht aufgeschlitzt werden, meine ich. Lieber wollte ich ersticken und sterben wie die arme Beryl.

Aber sie machten mir lediglich eine Lumbalpunktion, und ich lag Tag um Tag im Bett, starrte durchs Fenster und versuchte mir vorzustellen, ich sei König Artus oder sonstwer. Mit reger Phantasie begabt, verbrachte ich normalerweise eine Menge Zeit damit, jemand anders zu sein, aber irgendwie lähmten die verglasten Trennwände und die gestärkten Schwesterntrachten des Isolationsspitals die Vorstellungskraft. Niemand durfte uns besuchen. An einem Samstag nachmittag winkte mir zwar eine lächelnde Frau durchs Fenster zu. Ich hatte sie noch nie gesehen, und als ihr klar wurde, daß ihr Lächeln dem falschen Kind galt, erstarb es plötzlich, und sie eilte vorüber.

Es wurde Mai, bis ich als geheilt erklärt und aus dem Krankenhaus entlassen wurde. Die Außenwelt war seltsam lärmig und anstrengend geworden, und es zeigte sich, daß ich während meiner langen Bettlägrigkeit in die Höhe geschossen war. Ein beharrlicher Hauch von Karbol und Äther umgab mich noch immer.

«Du hast Erholung nötig», sagte mein Vater. «Landluft und gutes Essen. Wir haben beschlossen, dich für eine Weile zu deiner Großmutter zu schicken.» Obschon meine Mutter vor zwei Jahren gestorben war, sagte er immer noch «Wir» und «Unser».

Ich erinnerte mich nur schwach an meine Großmutter und verspürte keine besondere Lust, zu ihr zu gehen, aber 1928 widersprachen Kinder selten, und zwei Tage später fuhr er mich nach Surrey. Wir aßen unterwegs zu Mittag, und er drängte mir zwei Portionen Pudding auf.

Als wir ankamen, wurde der Himmel eben abendlich blaßgrün. Er hob meinen Koffer vom Hintersitz und gab mir die Pralinenschachtel, die wir für Großmutter besorgt hatten.

«Ich will nicht hierbleiben», sagte ich müde. Es war, als fürchtete ich von neuem, man würde mir den Hals aufschlitzen.

«Es wird dir sehr gefallen», sagte er. «Ich kam als Kind liebend gern hierher.»

Wir gingen die Treppe hoch; oben wartete Großmutter.

«Schau», sagte sie, «Katinka kommt dich begrüßen.»

Katinka. In Gedanken kehre ich zu jenem stillen Maiabend zurück, zu meinem Vater in seinem braunen Anzug und Filzhut, zum stumpfnäsigen Morris auf der Auffahrt vor dem Haus meiner Großmutter, und dort, neben ihr, zu der kleinen, makellosen Silbertabby-Katze mit höflich erhobenem Schwanz.

Selbst nach so vielen Jahren schmerzt mich die Erinnerung an sie. Ich tippe sie vorsichtig an wie jemand, der sich zu verbrennen fürchtet. Silbergraue Tigerstreifen und ein Paar kühle grüne Augen – das genügt, das genügt. Ich zwinge mich, ihren Namen zu schreiben, aber etwas in mir schreit immer noch auf beim Gedanken daran, was geschah.

Das Haus meiner Großmutter hieß Riverside Lodge. Zwei Seiten des Gartens wurden von einem Themsezufluß begrenzt. Das Haus selbst war aus roten Backsteinen erbaut, geräumig, mit einem schwarz-weiß gemusterten Marmorboden; in einem bleiernen Becken wuchs eine Heilige Lilie vom Nil. Ich wurde ihr vorgestellt, als sei sie ein Mensch.

Die Zimmer des Hauses, angenehm submarin erleuchtet durch das Licht, das durch halbgezogene Leinenvorhänge einsickerte, waren mit Schätzen vollgestopft, die für den Forschungseifer der

Viktorianer zeugten. Da gab es Vitrinen mit Muscheln, Steinen, Fossilien und Vogeleiern, wobei alles säuberlich angeschrieben war, außerdem eine Sammlung von Schnupftabakdosen, Spieldosen, Schächtelchen, Puzzles, Spielen, japanischen Fächern, ausgestopften Tieren und eine Kugel, die Florence Nightingale persönlich aus der Hüfte eines Krimsoldaten entfernt hatte.
Ich kann mich nicht erinnern, daß ich mich von meinem Vater verabschiedet oder ihn hätte wegfahren sehen. Nach meinen Ängsten zuvor mußte ich etwas Schmerz empfunden haben, aber mir ist nur noch das Entzücken gegenwärtig, mit dem ich Riverside Lodge erforschte und ehrfürchtig und bezaubert von einem Raum in den andern trat. Ein lebensgroßer Neger aus Pappmaché mit einer roten Strumpfkappe stand auf einem Treppenabsatz, und ein Stockwerk höher entdeckte ich ein Kinderwägelchen mit spinnwebfeinen Rädern und kunstvoll aus Rohr geflochtenem Korb. Großmutter erklärte mir, aus diesem Wägelchen sei Onkel Arthur gefallen, als man gerade nicht aufpaßte, und damals habe er die Scharte in seiner Stirn davongetragen, die vermutlich später dafür verantwortlich war, daß er nicht in die Militärschule Sandhurst aufgenommen werden konnte.
Ich wurde in die Küche geführt, um Mrs. Penney kennenzulernen; sie war seit dreißig Jahren die Köchin und Haushälterin meiner Großmutter. Mrs. Penney hatte Grübchen in den Ellbogen und sprach Großmutter mit Madam an, und Großmutter sagte mir, an sie müßte ich mich wenden, wenn ich irgend etwas brauchte.
Zum Abendessen gab man mir ein weiches Ei, hausgemachtes Brot, Butter und ein Glas Milch; meine Großmutter saß am gegenüberliegenden Tischende und schälte einen Apfel.
Sie war zart gebaut. Schütteres weißes Haar krauste sich auf ihrer Stirne, und ihre großen Augen waren zu einem hellen Tabakbraun verblichen. Ihre Haut sah sehr weich aus und war mit braunen Flecken übersät, was ihr ein angenehm schildpattartiges Aussehen gab. Ihre Röcke reichten bis zu den Knöcheln. Wenn

sie sprach, schien sie stets zu lächeln, aber ihre Stimme war so leise, daß man sehr aufpassen mußte, um sie zu verstehen.
Ich hätte gerne mit ihr gesprochen, aber ich wußte nicht, was sie von mir erwartete. So klein, sanft und gesprenkelt gefiel sie mir ungemein, aber ich blieb stumm. Sie stellte mir allgemeine Fragen über die Schule und mein Zuhause und erkundigte sich, ob ich Hobbys pflegte. Ich konnte ihr meinen Zeitvertreib, mir vorzustellen, ich wäre jemand anders, nicht erklären, und sagte deshalb, ich hätte keine.
«Ich habe sehr viele», sagte sie, als in diesem Augenblick Katinka lautlos durch die offene Tür kam und, ohne uns einen Blick zu schenken, zum Fenster ging, wo sie sich in einem niedrigen Stuhl zusammenrollte.
«Katinka verbringt den Abend manchmal gerne im Esszimmer», sagte meine Großmutter. «Zur Schlafenszeit geht sie dann in ihr Körbchen in der Küche.»
Ich hätte gerne gefragt, was Katinka sonst noch tat. Mich nahm wunder, wie sie als einzige Katze in einem großen, stillen Haus ihre Tage ausfüllte. Aber Großmutter ringelte ihre Apfelschale zu einem sauberen kleinen Häufchen auf dem Tellerrand zusammen, betupfte ihre bräunlichen Lippen mit ihrer Serviette und ging.
«Gute Nacht», sagte sie von der Tür her. «Ich hoffe, du hast eine geruhsame Nacht.»
Sie sagte nichts davon, daß sie kommen und mich zudecken würde. Mutter hatte das immer getan, und Vater hatte die Gewohnheit beibehalten. Ich erinnere mich nicht, daß ich mich einsam oder heimwehkrank gefühlt hätte, als ich zum erstenmal allein zu Bett ging. Jemand, wohl Mrs. Penney, hatte meinen Koffer ausgepackt, mein Nachthemd aufs Kopfkissen und meine Toilettensachen auf den marmorbedeckten Waschtisch im danebenliegenden Badezimmer gelegt. Ich kletterte ins Bett und schlief beim Lesen eines Buches, das vorsorglich neben eine Wasserkaraffe und eine Schale mit Naschwerk auf das Nachttischchen gelegt worden war, ein. Der Zauber des Hauses hatte mich bereits eingefangen.

Die Zeit verstrich ruhig dahinströmend wie der Fluß, der an den Garten grenzte. Manchmal kam ich gleichzeitig mit Großmutter zum Frühstück, andere Male war sie schon gegangen, und nur ihre sauber eingerollte Serviette leistete mir Gesellschaft. Hin und wieder sagte man mir auch, sie frühstücke in ihrem Zimmer. Es machte mir nichts aus. Nach meiner langen Gefangenschaft im Kinderspital genügte mir die Freude, frei zu sein, zu gehen, wohin ich wollte, und zu tun, was ich wollte, um meine Tage auszufüllen. Ich brauchte dazu nicht noch Menschen.
Im Bann des Flusses und des ihn säumenden tiefen Buschwerks wurde ich Sir Henry Principality, ein königstreuer Gentleman meiner eigenen Erfindung, und als Sir Henry unter den geschwungenen Ästen einer Bergulme eine lange, niedrige Holzhütte entdeckte, wußte er instinktiv, daß er auf eins der Hauptquartiere Cromwells gestoßen war. Er schlich sich näher heran und lauschte nach Stimmen. Nur die Blätter raschelten, und eine Holztaube gurrte. Er zog sein Schwert, riß die Tür auf und trat kühn ein.
In einen farbverschmierten Malerkittel gekleidet, schaute meine Großmutter milde auf und sagte: «Ich marmoriere Papier.»
Sir Henry schwand dahin wie ein Schatten an der Wand. Ich ging zu dem großen Arbeitstisch und betrachtete die öligen Farbwirbel im galvanischen Bad.
«Ist das eins deiner Hobbys, Großmutter?»
«Ja.»
«Darf ich es auch versuchen?»
«Ja, wenn du möchtest.»
Sie zeigte mir, wie ich das Papier federleicht auf die Oberfläche der Ölfarbe legen sollte, aber obschon ich ihre Anweisungen mit größter Genauigkeit befolgte, kam nichts heraus, das ihren Mustern glich; statt luftiger Pirouetten von Grün oder Blau brachte ich lediglich eine Anzahl plumper Flecke hervor. Ich bat, noch mal probieren zu dürfen, doch war das Resultat nicht besser.
«Wahrscheinlich liegen deine Talente anderswo», sagte sie

freundlich und wartete, während ich langsam die sonnengefleckte, nach Terpentin und Kokosfaser-Matten duftende Hütte ansah.
Der Raum war vollgestopft mit Zeugen ihrer Hobbys: Staffeleien mit halbfertigen Bildern, einem Notenständer mit offenem Notenheft und einem Webstuhl mit etwas, das wie ein Stück Teppich aussah. Eine silberne Flöte lag neben einem fast fertigen Laubsäge-Puzzle, und auf einem dicken Atlas saß Katinka, die Pfoten säuberlich unter sich gefaltet. Sie beobachtete mich.
«Ich wollte, ich hätte daheim auch so einen Raum», sagte ich.
«Dein Großvater hat ihn mir bauen lassen, damit ich im Haus keine Unordnung mache und die Diener nicht verärgere.»
«Wird Mrs. Penney je ärgerlich?»
«Nur wenn man mit Absicht rücksichtslos ist.»
Ich nahm mir vor, das nie zu sein, und mein Blick kehrte zur Flöte zurück. «Ist das eine, die man seitlich spielt?»
«Ja.»
«Kannst du mir das zeigen?«
Meine Großmutter ergriff die Flöte, bewegte ein wenig ihre braunen Lippen und formte ein schmales Loch dazwischen. Tonfunken stiegen und fielen in der stillen Sommerluft, warme Amsellaute und hohe, klare Töne, und alles zusammen ergab ein paar Takte eines melodiösen, glücklich-wehmütigen Walzers.
«Spiel doch noch mehr. Bitte!»
Aber sie lächelte und legte die Flöte auf dem Tisch zurück. Ihre gesprenkelten Finger spielten mit dem losen Knoten am Hals ihres Kittels, und ich begriff plötzlich, daß sie wartete, bis ich ging. Obwohl sie mich ebensogut mochte wie ich sie, harrte sie des Augenblicks, da sie sich wieder ihrer Beschäftigung zuwenden konnte.
«Ich glaube, es ist bald Zeit für den Tee.»
«Kommst du auch?»
«Nein, ich komme ein wenig später.»
Katinka erhob sich, krümmte ihren Rücken und stieg vom Atlas

herunter. Zierlich suchte sie sich einen Weg über den beladenen Tisch und sprang auf den Boden.
«Ich glaube, sie ginge gerne mit dir», sagte meine Großmutter. «Um vier gibt ihr Mrs. Penney gewöhnlich in der Küche etwas Milch.»
So überquerten Katinka und ich den Rasen Seite an Seite, sie mit hocherhobenem Schwanz und aufgestellten Ohren, als höre sie schon den Klang des Milchtellerchens. Ich begleitete sie bis in die Küche und fand dort, in Mrs. Penneys Korbstuhl sitzend, eine fremde junge Frau mit einem Baby.
«Das ist meine Tochter Edith», sagte Mrs. Penney. «Sie besucht mich immer am Donnerstag.»
Edith war eine rotgesichtige Frau mit kurzem Haar und großen, in einem etwas einfältigen Lächeln entblößten Zähnen. Ich gab ihr die Hand, während Mrs. Penney die Teetassen wieder füllte und für Katinka Milch eingoß.
«Willst du ihn in den Arm nehmen?» Edith wickelte den Shawl etwas enger um ihr Baby, bevor sie es mir hinstreckte. Überrascht und seltsam verlegen nahm ich es und hielt es ungeschickt auf meinen ausgestreckten Vorderarmen.
Edith kicherte. «Mein Gott, siehst du komisch aus. Hast du noch nie ein Baby gehalten?»
Ich gestand, es sei das erstemal. Ich hätte bis heute sogar noch nie eins von nahem gesehen.
«Nimm ihn an dich heran», lachte sie. «Nur Mut, er beißt nicht.»
Vorsichtig tat ich, wie geheißen, und stand in Achtungstellung, das Baby an meiner Schulter wie eine rundliche Muskete. Es fing an, sich zu winden, und gab kleine Laute von sich, die mich mit ehrfürchtigem Staunen erfüllten. Ich merkte zum erstenmal, daß es wirklich lebendig war.
«Wie heißt es?»
«Willie, wie sein Vater. Wiege ihn ein bißchen, das mag er gern.»
Ich wiegte es, und der Kopf des Babys baumelte trunken an

meinen Hals. Allmählich genoß ich es, seine weiche Wärme und die Bewegungen seiner Glieder unter dem Shawl zu fühlen. Ich wollte sie sehen.
«Hast du seine kleinen Füßchen gesehen?» Mrs. Penney mußte meine Gedanken gelesen haben. «Sie sind so winzig.»
Ich setzte mich und schälte vorsichtig die Schichten von Shawl, Flanell und Kaninchenwolle ab. Die Beinchen waren an den Knien angewinkelt, die winzigen blau-rosa Fußsohlen lagen gegeneinander.
«Es ist wunderschön», sagte ich.
Mrs. Penney und ihre Tochter lachten beide. «Es ist ein Er.»
Es ist kaum zu glauben, aber ich wollte es nicht zurückgeben. Mit Puppen hatte ich nie gespielt, doch die Seltsamkeit des warmen, lebendigen Geschöpfes berührte mich tief und ich wollte es behalten, an mich pressen, es ankleiden und ausziehen, Vater und Mutter mit ihm spielen. Es blinzelte zu mir hinauf; sein kahler Kopf lag unerwartet schwer auf meinem Arm.
«Ah, er mag sie!»
«Schau doch, er lächelt dich an!» Ich hatte Mrs. Penney noch nie so lebhaft gesehen. Ihr Gesicht war gerötet und feucht vor Liebe, einer Art Liebe, die mich erregte und beunruhigte. Ich gab Willie zögernd seiner Mutter zurück.
Und alles wäre vielleicht anders gekommen, wenn Katinka nicht an diesem Abend beschlossen hätte, meine Freundin zu sein. Ich aß allein zu Abend im Eßzimmer, und sie, anstatt sich auf ihrem üblichen Stuhl am Fenster niederzulassen, hielt bei mir an und sprang dann graziös auf das bißchen Schoß, das nicht unter dem Tisch war. Hastig schaffte ich ihr Platz; sie inspizierte flüchtig meinen Teller und machte es sich dann schnurrend bequem.
«Liebes kleines Baby», sagte ich und kitzelte ihre Ohren. In diesem Augenblick begann ein neues Spiel, weit lohnender als das mit Sir Henry Principality.

Der Anfang war einfach: Ich hob Katinka hoch und schaukelte sie in meinen Armen hin und her. Es schien ihr zu gefallen, denn

sie leistete keinen Widerstand, und bald war mir die warme Weichheit ihres Körpers vertraut. Er zog mich in gleicher Art an wie Willie, und mit der Vertrautheit kam eine tiefe Sehnsucht, für sie zu sorgen. Alle ihre Bedürfnisse zu erfüllen, sie zu schützen, sie zu umfangen.
Ohne Ediths Baby zu erwähnen, fragte ich Großmutter, ob ich Katinka bürsten dürfe. Sie fand die Idee gut und gab mir eine kleine Haarbürste aus Elfenbein. Ich bürstete sie abends und morgens und nahm sie einmal mit ins Badezimmer, um ihre Pfoten in warmem Wasser mit Lavendelseife zu waschen. Aus irgendeinem Grund erschreckte sie dieses Erlebnis, und sie schoß aus meinen Armen zur Tür, die glücklicherweise geschlossen war. Ich fing sie wieder ein; ihre offenkundig sehr große Wasserfurcht erzeugte in mir mütterliche Zärtlichkeit, und ich wiegte sie und sagte, ich würde ihre Pfoten höchstens dann noch waschen, wenn sie sehr schmutzig seien und sie sie in den Mund steckte.
Ich hatte sie in das Peddigrohr-Kinderwägelchen gelegt und stieß sie langsam den Gang entlang, als plötzlich Mrs. Penney erschien. Bis dahin hatte Katinka das Erlebnis offenbar gefallen, aber als sie Mrs. Penneys Stimme hörte, sprang sie unter dem Wagendach hervor und floh die Treppe hinunter.
«Hast du Baby gespielt?» Mrs. Penney übersah meine Verlegenheit. «Mal sehen, was wir da tun können.»
Ich verstand nicht, was sie meinte, und war den Rest des Tages beunruhigt, denn ich fürchtete, sie könnte meiner Großmutter davon erzählen und das Spiel, das mir eine so seltsame, geheime Freude bereitete, würde verboten. Aber als ich in mein Zimmer ging, fand ich einen Stapel Puppenkleider auf dem Bettüberwurf und wußte sofort, daß sie diese dorthin gelegt hatte. Gestickte Kleidchen und Unterröcke, Spitzennegligés und winzige weiße Lederschühlein mit richtigen kleinen Schnürsenkeln.
Es dauerte eine Weile, bis ich Katinka dazu brachte, ein Kleid zu dulden, doch als ihre Vorderbeine einmal durch die Ärmel gezogen waren und das Mieder auf ihrem Rücken zugeknöpft, konnte sie nichts mehr ausrichten. Wahrscheinlich sah sie sehr

komisch aus, aber ich weiß, daß mir das nicht so schien. Das Spiel war zu wirklich und zu ernst dafür, und so trug Katinka Strohhüte und spitzenbesetzte Hemden und Rüschenhöschen mit einem Loch drin für den Schwanz. Ich gab mir große Mühe, ihr die kleinen Schühlein anzuziehen, doch wie fest ich sie auch schnürte, sie streifte sie mit einem energischen Ruck der Hinterbeine ab.

Ich fand zudem heraus, wie ich sie im Kinderwagen festbinden konnte, und Mrs. Penney (und Edith, als sie am folgenden Donnerstag wieder kam) lachten angesichts der mit Puppenkleidern ausstaffierten Katze und klatschten in die Hände. Sie sagten, das gäbe eine komische Postkarte ab. Ich glaube, meine Großmutter wußte nichts von Katinkas Verwandlung zu einem Menschenbaby; wenn sie es bemerkt hatte, schwieg sie.

Das Spiel fand an dem Tag ein Ende, an dem ich einen Brief von meinem Vater erhielt, zusammen mit dem Buch «Die Schatzinsel». Das hatte ich noch nie gelesen, und ich verschlang es in einem einzigen Tag, am Fluß liegend, wo die Libellen über das Wasser sirrten und die Teichhühner ihre verstohlenen Wege trippelten. Katinka wurde weder gebürstet noch angekleidet, und als ich an diesem Abend einschlief, hatte ich die letzte Seite des Buchs umgedreht und war wieder ganz sicher, daß Babys blöd waren und es am besten war, ein Junge zu sein.

Ich wurde natürlich zu Jim Hawkins, und Katinka, die sich nicht sehr für die Rolle von Long John Silver eignete, wurde Ben Gunn. Sie schien nicht zu verstehen, daß sie vor Einsamkeit auf der Insel verrückt geworden war, und ein- oder zweimal ärgerte ich mich über sie. Aber auch dieses Spiel hatte, wie alle, die ich während meiner Rekonvaleszenz in Riverside Lodge spielte, eine Kraft, einen wunderbar sonndurchfluteten Zauber, wie ich ihn danach nie mehr erlebte.

Der Spätfrühling vertiefte sich zu einem leidenschaftlichen Sommer mit Päonien und Rosen und dann Schüsseln voll Erdbeeren. Mr. Horringer, der im Garten arbeitete, trug seinen Zelluloidkragen nicht mehr und setzte einen Panamahut auf. Wann immer ich meiner Großmutter begegnete, sprach sie ein paar freundliche Worte zu mir und ging wieder: eine kleine, langröckige Gestalt, die in ihr Schlafzimmer glitt (ein Sanktuarium, das zu betreten ich nie aufgefordert wurde) oder quer über den Rasen zu ihrer Gartenhütte. Manchmal, wenn ich im Bett lag, hörte ich den Klang ihrer Flöte, die eine zauberhafte Sarabande webte; ich war froh, daß sie sich nicht zu sehr in meine private Welt eindrängte, und ihr ging es vermutlich gleich. Mit anderen Worten: Wir paßten gut zusammen.

Eine Weile griff ich wieder auf Sir Henry Principality zurück, und dann änderte sich alles ganz plötzlich. Eben war ich noch der Mittelpunkt meiner Welt gewesen, und schon war alles verschwunden. Als hätte ich zum erstenmal die Augen geöffnet, wurde mir plötzlich die wunderbare Realität eines anderen Wesens bewußt, und dieses Wesen war Katinka.

Sie diente nicht mehr als Wolfshund mit einer in Geheimschrift abgefaßten Botschaft um den Hals. Ich sah sie zum allererstenmal, wie sie wirklich war und immer gewesen war, hätte ich nur den Verstand gehabt zu sehen: ein kleines silber-schwarzes Tier von unvergleichlicher Grazie und hohem Zauber. So saß sie in einem gelben Sonnenfleck und leckte ein bißchen Schmutz von ihren schwarzen Pfoten.

Ich machte die Botschaft von ihrem Hals los und warf sie weg. Zu sehr beschämt, um Katinka auch nur zu streicheln, versprach ich ihr, wir würden in Zukunft nur die Spiele spielen, die sie zu spielen wünschte.

All das hatte damit angefangen, daß ich ihre Schönheit erkannte. Ich sah zum erstenmal, daß Katzen fast nur aus Kurven bestehen: dem sanften Schwung des Rückgrats, der Rundung der Hüften, dem zierlichen, nußförmigen Schädel und der weichen Schwellung der Brust. Selbst ihre Schnurrbarthaare bogen sich abwärts, um ihren aufgerichteten Lippen entgegenzukommen. Das einzig Gerade war ihre Nase: zwei Zentimeter dunkelgrauer Plüsch. Ich maß sie mit Mrs. Penneys Bandmaß.

Und mein ganzes Leben löste sich auf in der Freude, sie anzuschauen. Ich konnte nicht schlafen, so stark dachte ich an sie. Mir wurde klar, daß es grausam war, von ihr zu erwarten, daß sie die langen Nächte allein in der Küche verbringe. In ihrem einsamen Körbchen neben dem Herd kauernd, vermißte sie mich wohl ebensosehr wie ich sie. So schlich ich in die Küche hinunter und brachte sie in mein Zimmer, noch schlafwarm und nach dem ersten Überraschungslaut ganz passiv.
Sie schlief an meiner Schulter unter der Bettdecke, und ich horchte auf den gleichmäßigen Rhythmus ihres Schnurrens, der allmählich im Maß, in dem sie sich dem Schlaf ergab, in unregelmäßige kleine Atemlaute überging. Das taten wir jede Nacht; ihr Gähnen und Sich-Strecken weckte mich in der Dämmerung. Ich zog mich rasch an und schlich mit ihr hinaus in den perlfarbigen Garten. Katinka stand mit aufgerichteten Ohren und schnupperte, als versuche sie den Geschmack des neuen Tages. Dann suchte sie ein Blumenbeet auf. Sie sicherte nach allen Seiten und grub sich eine kleine Latrine, über der sie kauerte, ein paar Augenblicke entrückt wie eine Visionärin, während ich höflich in der Nähe wartete.
War so das erste Geschäft erledigt, füllte sie die Zeit vor dem Frühstück mit anscheinend ziellosem Wandern durch den Garten, blieb hie und da stehen, um an einer Pflanze zu riechen, und gefror manchmal plötzlich zur Bewegungslosigkeit, als hätte sie ein mächtiger Gedanke getroffen. Mein Bedürfnis, mich in sie zu versenken, ließ mich durch sehr kleine Heckenlücken kriechen, und einmal kletterte ich durch das Fenster eines Vorratsraums, um ihr auf das flache Dach der Spülküche zu folgen.
Ich fand heraus, daß ihr Leben, jetzt frei von meinen Ansprüchen, aufgeteilt war zwischen Schlafen, Putzen, Spazieren und Dinge-Beobachten. Es war ein wunderbar sauberes Leben. Jede kleine Aufgabe wurde mit Grazie, Können und sparsamer Eleganz erledigt, und wenn ich mit ihr sprach, starrte sie manchmal mit kühlen grünen Augen in mein Gesicht, als vermöge sie meine Gedanken zu sehen. Aber ich konnte nicht die ihren sehen. Ich

kam ein Stück weit, dann verbot das dichte Schwarz ihrer Pupillen jede Auslegung. Mir kam in den Sinn, gehört zu haben, daß die Augen der Tiere ausdruckslos seien, weil sie keine Seele hätten. Ich war froh über den Gedanken, daß Katinka keine Seele hatte; das schien sie so rein und unbelastet zu machen.
Obschon ich mein Gelübde, mit ihr nicht mehr meine Art von Spielen zu spielen, einhielt, gab ich mir große Mühe, ihr das Leben leichter und angenehmer zu machen; ich hob sie von Stühlen herunter, damit sie nicht springen mußte, stahl ihr kleine Happen aus der Küche und brachte ihr, in mein Taschentuch gewickelt, einen toten Sperling (sie beschnupperte ihn diplomatisch, ehe sie ihre Aufmerksamkeit etwas anderem zuwandte).
Ich entdeckte, daß es ihr Spaß machte, einem zerknüllten Stück Papier nachzujagen. Am liebsten tat sie das am Abend nach dem Essen, und so trug ich sie – um ihr die Mühe des Laufens zu ersparen – von ihrem Stuhl im Eßzimmer auf den großen Rasen und warf den Papierball. Sie kauerte sich zusammen, gespannt wie eine zusammengerollte Feder, wobei ihre Augen von durchsichtigem Grün zu einem runden, furchterregenden Schwarz wechselten. Sie sprang dem Knäuel nach, schlug es mit den Pfoten, packte es und warf sich auf den Rücken, das Ding in ausgereckten Krallen festhaltend wie mit bösen kleinen Fingern. Manchmal jagte sie lange allein dem Ball nach, duckte sich, sprang, warf ihn hoch in die Luft, und ich wartete in demütiger Anbetung, bis sie ihn wieder geworfen haben wollte.
«Das wilde Tier, das unter dem weichen Fell lauert», sagte meine Großmutter, die eines Abends zuschaute.
«Sie fängt Bälle wirklich gut.»
«Natürlich. Das ist ihre Aufgabe.»
Obschon ich ihr vorher so viele Rollen aufgedrängt hatte, war mir nie in den Sinn gekommen, daß Katinka wie Mrs. Penney oder Mr. Horringer eine Aufgabe haben könnte.
«Sie hat Ratten und Mäuse zu fangen. Deshalb ist sie hier», sagte meine Großmutter mit braunlippigem Lächeln. Dann

wandte sie sich mir zu. «Ich glaube, dein Vater wird dich sehr gebessert finden, wenn er dich am Samstag holen kommt.»
«Kommenden Samstag?» Mein Herz sank.
Sie nickte, ihre großen verblichenen Augen voller Güte.
«Er wird rechtzeitig zum Tee eintreffen, und Mrs. Penney hat versprochen, ihm einen Schokoladekuchen zu backen. Schon als kleiner Junge hatte er besonders gern Schokoladekuchen.»
Sie entfernte sich zu ihrer Gartenhütte, und ich erkannte, daß selbst Verzauberung vergänglich ist.
Katinka hatte aufgehört, mit dem Papierknäuel zu spielen, saß geschützt in einem Akanthus und putzte sich. Das eine Hinterbein steif gegen die Schulter gereckt, während sie ihre geheimen Teile wusch, sah sie aus wie ein Cellospieler. Ich sagte ihr, daß ich in zwei Tagen fortmüsse, und sie schaute auf, als ob sie verstünde und traurig wäre.
Ich setzte mich nahe zu ihr, aber wie stark ich auch die Hände zusammenkrampfte und auf die Zähne biß, ich konnte die kostbaren Minuten nicht am Verfließen hindern. Alles was ich tun konnte, während sie sich weiterwusch, war zu geloben, daß ich von nun an ihre Gesellschaft bis aufs letzte auskosten würde. Daß ich jede Sekunde, wachend und schlafend, bei ihr sein würde, um einen großen Vorrat an Erinnerungen für die bevorstehenden öden Jahre zu sammeln.
«Katinka folgt dem Kind überallhin», hörte ich Großmutter zu Mrs. Penney sagen. «Wie ein Schatten.»
Aber ein guter Beobachter (oder einer mit weniger Hobbys) hätte erkannt, daß es umgekehrt war. Daß ich es war, die Katinka folgte. Manchmal entschwand sie meinen Augen, und nach angstvoller Suche fand ich sie, wie eine Schlange eingerollt, in einem Klumpen hohen Grases, als wollte sie sich vor mir verstecken. Dann saß ich neben ihr, murmelte eine Liebeslitanei und zog mit dem Finger die süßen Tabby-Muster auf ihrer Stirne nach. Ich wußte nicht, daß die alten Ägypter Katzen verehrten, aber ich hätte das nicht nur für völlig natürlich gehalten, sondern hätte mich dem Kult sofort angeschlossen. Tatsächlich betete ich

Katinka an; ich verehrte sie so sehr, daß ich ihr meine eigene schwankende Persönlichkeit völlig unterwarf. Obschon ich meinen Vater immer noch liebte, wollte ich nicht mehr zu ihm heim. Ich wollte in Riverside Lodge bleiben, und alles sollte genau so bleiben, wie es war.

Der Schokoladekuchen war fertig, und mein sauberes Kleid hing über dem Rücken des Schlafzimmerstuhls.

«Geh jetzt und wasch Hände und Gesicht. Vater wird bald hier sein», sagte Mrs. Penney.

Mit schwerem Herzen und schleppenden Füßen ging ich, Katinka tragend. Mein Koffer war schon gepackt, nur die Toilettensachen lagen noch da.

«Nicht mehr lange jetzt», sagte ich zu ihr. «Etwa zwei Stunden.» Und sie sah so schön aus, daß ich mich neben sie setzte und statt meiner Haare ihr Fell bürstete. Es war das erstemal, seitdem ich aufgehört hatte, mit ihr Baby zu spielen, und ich sah, wie ihr Rückgrat unter den langen Strichen von Kopf bis Schwanz vor Freude zitterte. Schnurrend erhob sie sich und stieß mit der Stirn gegen meine Hand. In qualvoller Liebe hob ich sie auf, nahm sie in meine Arme, küßte ihre kleinen schwarzen Pfoten und beugte mich nieder, um meine Wange an der ihren zu reiben. Ihr Schnurren wurde lauter und vermischte sich mit dem sanften Brummen eines Autos, das die Auffahrt entlang kam. Ich langte wieder nach der Haarbürste und begann, sie über das weiche Silbergrau ihres Bauches zu führen. Das Brummen des Motors verstummte, eine Türe schlug zu, meines Vaters Stimme rief «Hallo».

Ich beschloß, oben zu bleiben. Zu bleiben, wegzurennen, mich wenn nötig zu verstecken. Ich bürstete Katinkas Bauch härter und merkte nicht, daß wie das Brummen des Automotors auch ihr Schnurren aufgehört hatte. Und dann geschah es.

Mit plötzlichem wildem Schwung, so daß die Haarbürste wegflog, sprang Katinka auf meinem Schoß auf die Beine und schlug zu. Ihre Krallen verfehlten mein Gesicht und gruben sich tief an der Seite meines Halses ein, und als der Schmerz aufflammte, sah

ich, nur eine Sekunde lang, die Tiefe mörderisch aufgestauten Hasses in ihren Augen.
Zu entsetzt, um mich zu bewegen oder zu schreien, kauerte ich auf meinem Bett und hielt die Hände um meinen Hals. Als ich sie wegnahm, waren sie voll Blut, und ich war wie die arme Beryl, die im Isolationsspital gestorben war, nachdem man sie aufgeschlitzt hatte.

Ich war wie gelähmt und konnte nicht einmal weinen. Katinkas Tat schien alle Gefühle getötet zu haben, und ich sah sie leichtfüßig nach unten laufen, als ich ins Badezimmer ging, um meine Wunden zu waschen.
Ich hörte meinen Namen rufen, als ich die zwei langen Kratzer und die kleinen Löchlein betupfte, aus denen immer noch Blut quoll. Ich rief, ich käme gleich, aber mit einer Stimme, die man unten wohl nicht hörte. Ich tupfte und tupfte, bis das Bluten aufhörte, schlug dann den Kragen meines Kleids hoch, glättete mein Haar und ging hinunter.
Ich fand sie im Salon, gebadet von weichem Nachmittagslicht. Mein Vater breitete die Arme aus, als er mich sah.
«Hallo, Tup!» sagte er; das war mein Kosename.
«Hallo.»
«Lieber Himmel, du siehst aber gut aus! Gesund und braun. Und enorm gewachsen bist du.»
«Ich bin im Spital gewachsen», sagte ich. «Bevor ich hierherkam.»
Ich stand und schaute in seine braunen Augen. Er hatte einen kleinen Schnurrbart, hellerfarbig als sein Haar. Er legte die Hände auf meine Schultern und strich sorgfältig meinen Kragen glatt. Ich wich zurück, brachte aber ein Lächeln fertig.
Wir tranken Tee. Blassen Chinatee in flachen Schalen, Gurkenbrötchen ohne Rinde und Gebäck. Meine Großmutter stand der Versammlung vor und leitete auch das Gespräch. Wir sprachen vom Wetter, vom Wasserstand des Flusses, vom Kellogg-Abkommen zur Verhütung aller zukünftigen Kriege und davon, wie krank der Schriftsteller Thomas Hardy war.

Mein Vater nahm eine zweite Tasse Tee an und fragte, ob ich in Riverside Lodge Freundschaften geschlossen hätte.
«Nein», sagte ich, die Hand am Hals, «eigentlich nicht.»
Wir kamen zum Schokoladekuchen, mit üppigem Guß und Zukkerveilchen drauf, aber ich konnte nicht davon essen. Mir gegenüber, auf einem perlenbestickten viktorianischen Stuhl, saß Katinka, die Beine unter sich gefaltet und den Kopf wie im Gebet gebeugt. Meine Augen waren ganz trocken, aber ich konnte sie nicht anschauen. Ich konnte nichts tun wie sonst.
Ich hörte Großmutter meinen Namen sagen und schaute zögernd auf in ihre blassen tabakfarbenen Augen.
«Du und Katinka, ihr habt einander doch so gern. Möchtest du sie mit nach Hause nehmen?»
Da schoß das Wasser in meine Augen. Heftig blinzelnd brachte ich ein «Nein, danke» hervor.
«Oh ...» Sie klang mild überrascht. «Ich habe deinen Vater schon um Erlaubnis gefragt, und er hat sie gegeben.»
«Nein, danke.»
Ich wollte hinzufügen, daß ich mir nicht viel aus Katzen machte, aber die Worte wollten nicht raus. Es war auch nicht wahr, nicht einmal jetzt.
So wechselte sie das Thema, und bald nachher wurde mein Koffer auf den Hintersitz gehoben, und ich kletterte neben meinen Vater in den stumpfnäsigen Morris. Großmutter und Mrs. Penney standen und winkten zum Abschied, aber Katinka war nicht da.
Die Tränen kamen, bevor wir am Ende der Auffahrt waren, und sie rollten meine Wangen hinunter und fielen in meinen Schoß. Ich weinte sehr leise, und mein Vater stellte keine Fragen, bot mir keinen nutzlosen Trost an; er ließ mich sein großes weißes Taschentuch mit all der Bitternis meines Kummers durchtränken. Er war ein netter Mann, mein Vater.

3 Die Insel der Grauen Katzen

Mark Ronson

«Wie ich höre, verlassen Sie unsere stillen Räume und gehen auf eine schottische Insel, mein junger Reggie», dröhnte der Colonel, als er einen Stapel von Büchern über die Afghanischen Feldzüge 1865–85 auf den von einer grünbeschirmten Lampe beleuchteten Schreibtisch legte.

«Ja, ich mache Ferien auf Inchcait», antwortete ein schlanker, blasser junger Mann mit Brille. «Es soll da eine sehr interessante Gruppe von Menhiren geben, die von der Wissenschaft noch nicht groß beachtet worden ist.» Einen Augenblick lang erglühten seine hellblauen Augen hinter den dicken Gläsern; dann war er wieder ein musterhafter Bibliothekar.

«Schauen Sie sich aber auch die Mädchen dort an», sagte der Colonel jovial. «Diese Bücher brauche ich nicht mehr. Es ist daraus ein gutes Kapitel zu meiner Geschichte des Regiments geworden. Vielen Dank, daß Sie sie für mich heraussuchten. Ich weiß wirklich nicht, wie die Bibliothek ohne Sie funktionieren würde.»

Als Reginald Meredith an diesem Abend sorgfältig seine Foto-Ausrüstung einpackte, erzählte er seiner Mutter vom Kompliment des Colonels, der im Stiftungsrat der Bibliothek saß.

«Da bin ich aber froh», sagte sie. «Die Richardson-Bibliothek paßt gut zu dir. Viel besser als jene gräßliche öffentliche Bibliothek. Und die langen Sommerferien geben dir Gelegenheit zu deiner Feldarbeit.»

Sie lächelte ihn über ihrer Näharbeit fröhlich an. Innerlich pflichtete sie dem Colonel, was die Mädchen anging, bei. Ihr Sohn war jetzt Anfang Dreißig, und mit Ausnahme der katastrophalen Verlobung mit Marion vor zehn Jahren hatte er sich sehr wenig für Mädchen interessiert. Seitdem vor vielen Jahren sein Vater gestorben war, war Reginald ein ruhiger und eifriger Student gewesen. Sie redete sich ein, er habe nicht geheiratet, weil er noch nicht die richtige Frau gefunden hatte. Ihr einziges Bedenken gegenüber der Richardson-Bibliothek – einer seit hundert Jahren bestehenden Bibliothek für achtbare Autoren und Literaten der gehobenen Schicht – war, daß er dort kaum die richtige Frau finden würde.

«Nimm einen Vorrat an Socken mit und vergiß ja deine wasserdichten Stiefel nicht», sagte Mrs. Meredith. «Du wirst ja durch Sümpfe und Gottweißwas wandern. Ich möchte nicht, daß du dich wie auf deiner Reise zu den Merry Maidens wieder erkältest. Manchmal frage ich mich, ob sich all diese Arbeit in scheußlich kahlen Gegenden lohnt.»

«Eines Tages sicher», sagte Reginald überzeugt. «Inchcait ist sehr abgelegen, und Briefe von dort brauchen wahrscheinlich Zeit. Mach dir also keine Sorgen, wenn du ein Weilchen nichts von mir hörst.»

«Ich habe ja Mrs. Foch zur Gesellschaft.» Seine Mutter blickte liebevoll auf eine schöne weiße Perserkatze, die sich auf dem Sofa zusammengerollt hatte.

Reginald streckte die Hand nach der Katze aus und fuhr mit den Fingern durch das Fell des Tiers. Sie öffnete ihren rosafarbenen Mund und gähnte elegant. Er liebte Katzen seit seiner Kindheit. Sie hatten Eigenschaften, die er gerne selbst besessen hätte – Unabhängigkeit, ja beinahe Arroganz, graziöse Bewegungen und geschmeidige Sexualität.

In Mrs. Fochs grünen Augen wohnte ein Geheimnis, das ihm besonders gefiel. Er liebte Geheimnisse leidenschaftlich.

Reginald stand vorne im Fischerboot, das als Fährboot nach Inchcait diente, und schaute zu, wie hinter der Mole ein paar Häuser aus dem Morgendunst auftauchten. Zu seiner Erleichterung war das Meer von Oban bis hierher ölglatt gewesen, und es hatte ihm gefallen, wie das Boot durch die darüber webenden weißen Nebel glitt. Wäre nicht das gedämpfte Klopfen des Dieselmotors gewesen, hätte ihn nichts an das zwanzigste Jahrhundert erinnert.

Beinahe schien es ihm, er reise durch ein übernatürliches Reich. Er erinnerte sich an schottische Legenden über Sterbliche, die das Feenreich betreten hatten. Das hatte gewöhnlich mit einer Tragödie geendet, denn die Feen hatten andere Zeitläufte als die Menschen.

Als sich das Boot dem Ufer näherte, seufzte ein Wind vom Atlantischen Ozean herein und zerriß den Nebel; er konnte die Insel, auf der er drei Wochen wohnen würde, sehen. Sie war niedrig, nur in der Mitte erhob sich ein Hügel. Sie sah nicht gerade ungastlich aus, hatte aber doch etwas Düsteres. Das kam, wie Reginald plötzlich realisierte, davon, daß es keine Bäume gab. Im Süden war er bewaldetes Land gewohnt gewesen.

Nein, es war nicht nur der Mangel an Bäumen, aber er konnte nicht sagen, woran es lag. Inchcait hatte seine eigene Atmosphäre, gleich, wie Iona im Norden eine mystische Aura hatte, die Heiden und Christen gleicherweise anzog.

Wasser schäumte hinter dem Boot auf, als der mit einer blauen Strickjacke bekleidete Skipper es mit verächtlichem Geschick der Mole entlang manövrierte, auf der eine Gruppe Inselbewohner schweigend zuschauten. Sicher erwarteten sie Post und Waren vom Festland. Sie machten die Seile fest, die von der Schiffsmannschaft hinübergeworfen wurden.

Klappernd, daß die Möwen schreiend aufflogen, erwachte der Ladekran zu rauchendem Leben und fing an, eine Kiste aus dem Laderaum hochzuheben. Reginald ergriff seinen Koffer und seine Reisetasche, dankte dem schweigsamen Skipper und trat auf die Mole.

Ihm fiel auf, daß fast nur ältere Leute herumstanden; vermutlich hatten sich die Jungen in die Städte locken lassen. Das war verständlich, denn die Kleinbauern führten hier wohl ein sehr hartes Leben. Und doch erschien Inchcait, als die Sonne durch die Wolken brach, malerisch, wohl dank der Heidefarben auf dem mittleren Hügel.

«Können Sie mir sagen, wie ich zu Mrs. Campbell komme?»

fragte Reginald einen alten Mann, der ihn mit schamloser Neugier betrachtete.
«Ja, die Witwe erwartet dich», antwortete er. Reginald freute sich über seinen Tonfall; er war viel weicher als erwartet.
«Du bist wohl der Bursche, der bei ihr wohnen wird», sagte ein anderer Alter. «Wir sehen nicht viele Touristen auf Inchcait.»
Reginald wurde klar, daß er erst ein paar Antworten geben mußte, ehe er welche bekam. Die Inselbewohner standen im Halbkreis um ihn herum. Ihre verwitterten Gesichter gaben nichts preis, aber er spürte, daß sie auf einige Worte von ihm warteten, um nachher darüber plaudern zu können.
«Eigentlich», fing er an, da er keine Einzelheiten über seine Arbeit bekanntgeben wollte, «eigentlich bin ich Fotograf.»
«Mit einer Kamera?» fragte der erste alte Mann. «Fotografierst du Seehunde?»
«Es ist hübsch draußen an der Seehundszunge», sagte eine feste Frau in einem alten Militärmantel. Sie kicherte ohne ersichtlichen Grund. «Es gibt viele Seevögel auf der anderen Seite – und wilde Katzen.»
Die andern blickten weg, als hätte sie etwas unerlaubt Leichtsinniges gesagt, aber sie fuhr uneingeschüchtert weiter. «Sie wollen den Weg wissen. Gehen Sie an diesen Häuschen vorbei und halten Sie landeinwärts am Sluagh Hügel vorbei. In etwa einer halben Stunde sind Sie bei Mrs. Campbell. Bleiben Sie lange?»
«Danke», sagte Reginald. «Danke.»
Die Blicke der Inselbewohner beunruhigten ihn, und mit leiser Erleichterung schlug er den Weg zu den geweißten Häuschen ein. Diese Leute waren recht merkwürdig. Er hatte bemerkt, daß sie kaum mit der Mannschaft der Fähre sprachen, und diese war ebenfalls sehr kurzangebunden gewesen.
Nach ein paar Minuten hatte er die Häuschen hinter sich. Er war in Versuchung zu pfeifen, als er so dahinschritt. In den Fahrspuren, die Inchcaits einziger Traktor hinterlassen hatte, spiegelten Pfützen das Blau des Himmels wider. Heidekraut wuchs auf

beiden Seiten, und Reginald betrachtete mit Freude die taubesetzten Spinnweben, die es schmückten. Am liebsten hätte er angehalten, seine Kamera ausgepackt und ein paar Nahaufnahmen versucht. Sein neuer Filter würde den diamantenähnlichen Effekt erhöhen. Aber er vergaß den Vorsatz, als er aufblickte und das Mädchen sah.

Ihre feinknochige Schönheit raubte ihm den Atem. Zu ihrem handgewobenen Rock trug sie einen dunkelroten Pullover, der zu ihrer blassen Haut und dem glänzenden schwarzen Haar, das sich im Wind wie schwarze Flammen bewegte, einen auffallenden Kontrast bildete. Sie war ein Mädchen der Art, von der er heimlich geträumt hatte, und sie stellte das Ideal dar, das ihn hatte alleinbleiben lassen. Nie hätte er sich mit dem Zweitbesten zufriedengegeben, einem passenden vernünftigen Mädchen, dem das Feuer fehlte, seine Phantasie und seine Lenden zu entzünden. Stets war er von freien, unberechenbaren, intelligenten und schönen Frauen fasziniert gewesen. Und er wußte, wie unwahrscheinlich es war, daß ein solches Geschöpf sich in einen scheuen Bibliothekar verliebte.

«Willkommen zurück auf Inchcait», sagte sie in dem weichen Tonfall der Inselbewohner. «Ich bin Meg Campbell, und Sie müssen Mr. Meredith sein. Ich wollte Sie abholen, aber die Fähre war wohl ausnahmsweise etwas früher da.»

Als sie näherkam, sah Reginald ihre grünlichen Augen; Augen, die ihn an Mrs. Foch erinnerten.

«Sie verwechseln mich wohl», sagte er zu ihr, als sie ihm auf dem Weg voranging, die Reisetasche tragend. «Ich war noch nie auf Inchcait.»

«Ach, das ist der traditionelle Inselgruß an einen Fremden», sagte sie. «Es ist einer dieser seltsamen alten Volksbräuche. Wahrscheinlich geht es auf die Druiden zurück, die an Seelenwanderung glaubten. Man glaubte ehemals, daß die auf Inchcait Geborenen in einem späteren Leben zurückkehren würden. Wenn man also zu einem Fremden ‹Willkommen zurück› sagt, meint man, daß er heimkomme.»

«Welch bezaubernde Idee», sagte Reginald, und Meg sah belustigt über seine Wortwahl zu ihm zurück.
Auf der anderen Seite des Sluagh-Hügels senkte sich das Land sanft westwärts, einem Meer von mediterraner Bläue entgegen.
«Wir haben nicht nur immer graue See und Nebel», sagte das Mädchen, als sie seine Überraschung wahrnahm. «Kommen Sie, Mutter hat sicher den Tee bereit.»
Innerhalb der dicken Mauern des Bauernhauses, in dem Meg mit ihrer Mutter wohnte, war alles so sauber und leuchtend wie auf den Bildern von Weihnachtskarten. Reginald empfand Mrs. Campbell als so friedlich und angenehm, daß er sich schwer vorstellen konnte, wie sie einer so aufregenden Tochter das Leben geschenkt haben sollte.
«Sie interessieren sich wohl für die Wildtiere», sagte sie, als sie in der gemütlichen Küche saßen, nachdem Reginald sein Zimmer unter dem Dach besichtigt hatte.
«Eigentlich nicht», sagte er, die blauweiße Tasse mit dampfendem Tee in der Hand. «Ich arbeite an einem Buch über alte aufrechte Steine und die Mythologie, die sich um sie gebildet hat. Hier möchte ich Aufnahmen der Grauen Katzen machen.»
«Da bekommen Sie nasse Füße, wenn Sie nicht aufpassen», lachte Mrs. Campbell. «Bei den Katzen ist das Land furchtbar sumpfig. Es wäre besser, Meg käme anfangs mit Ihnen.»
«Kennen Sie irgendwelche Sagen und Mären über die Katzensteine?»
Mrs. Campbell mußte lachen. «Das ist doch nur ein Ring von alten Druidensteinen», sagte sie.
Reginald unterdrückte den Impuls, sie zu belehren, daß die Steine wohl tausend Jahre da gestanden hatten, bevor die Druiden nach Großbritannien kamen. Er bemerkte lediglich, sie hätten einen merkwürdigen Namen.
«Aus einem bestimmten Gesichtswinkel – und wenn man ziemlich viel Phantasie walten läßt – sehen die Steine tatsächlich aus wie ein Kreis sitzender Katzen», sagte Meg. «Wenn Sie fertig sind, führe ich Sie dorthin, dann sehen Sie es selbst.»

«Phantastisch!» rief Reginald aus. «Sie sind phantastisch.»
Die lebhaft blaue See bildete einen dramatischen Hintergrund zu den Megalithen. Helles Sonnenlicht erleuchtete sie und zeigte ihre holzähnliche Oberflächenstruktur, das Ergebnis jahrhundertelanger Verwitterung.
Meg setzte sich auf einen und schaute zu, wie Reginald seine Fotoausrüstung auspackte.
«Sie haben sich wohl schon mit den Steinen befaßt. Sind Sie da nicht auf alte Geschichten darüber gestoßen?»
«Doch», sagte er und zog an den Beinen seines Stativs. «Ich hab' das Übliche gelesen, nämlich es seien versteinerte Geschöpfe. Diese Erklärung gab man früher häufig. In Kumbrien sagte man, Long Meg und ihre Töchter seien Hexen gewesen, die der Zauberer Michael Scott versteinert habe, und in Oxfordshire soll eine Hexe eine ganze Armee in die Rollright Stones verwandelt haben.
In der Bibliothek, in der ich in London arbeite, fand ich ein Buch, das vor zwei Jahrhunderten in Edinburgh erschienen war, und darin wurde erwähnt, daß die Leute auf Inchcait einst die Macht besessen hätten, sich in Katzen zu verwandeln.»
«Und dann wurden die armen Dinger dadurch bestraft, daß sie zu Stein wurden», sagte Meg lachend.
«Wenn man sich in solche Geschichten vertieft, findet man sie ziemlich wirr», sagte Reginald. «Die Wahrheit, die hinter diesen Werkatzen-Berichten steckt, könnte sein, daß in dieser abgelegenen Gegend ein heidnisches Fest bis ins Mittelalter überlebte, bei dem die Leute sich mit Tierfellen verkleideten. Das gab es recht oft; wir kennen ja heute noch die Abbots Bromley Horn Dancers.»
«Das klingt ziemlich langweilig. Vielleicht könnten wir das heidnische Fest neu aufleben lassen für den Tourismus.»
Einen Augenblick lang dachte er, sie meine das ernst, aber sie brach in Gelächter aus.
Ohne auf den nassen Boden zu achten, kniete Reginald nieder und verschob seine alte Rolleiflex, bis er eine großartige Grup-

pierung der Grauen Katzen im Sucher hatte. Seine Brillengläser blitzten vor Begeisterung. Er wußte, er mußte das helle Licht ausnützen; vielleicht wurde es während seines ganzen Aufenthaltes nie wieder so sonnig.
Meg verließ ihn; sie müsse nach den Schafen ihrer Mutter sehen, die am Hang des Sluagh-Hügels weideten. Er lud seine Kamera mit einem weiteren Farbfilm im Schatten eines Megalithen, und als er aufschaute, sah er, wie ihn ein großer grauer Kater vom nächsten Stein aus anschaute.
Einen Moment lang dachte Reginald, es sei ein wilder Kater. Er sah wirklich aus, als könnte er in der Wildnis jagend überleben, mit seiner breiten Brust und den starken Beinen. Ein zerfetztes Ohr und ein gefährliches Glimmen in seinen gelben Augen ließen ahnen, daß er nicht ungern kämpfte. Er hatte sich auf jeden Fall einen geeigneten Beobachtungsplatz ausgesucht. Wenn Reginald ihn fotografieren könnte, wie er da oben hockte, gäbe das ein hübsches Bild und brächte ein wenig Leben in «Die Mythologie Britischer Prähistorischer Monumente» von R.T. Meredith.
«Braver Junge, Smokey», sagte er, als er den Film einsetzte. «Bleib schön still, Smokey, mein Guter.»
Der Kater sah ihn kalt an, als er den Apparat auf ihn richtete. Doch bevor Reginald den Auslöser betätigen konnte, sprang er aus dem Sucher. Als Reginald ihn zwischen den Steinen suchte, schien sich Smokey seiner spontanen Benennung gemäß in Rauch aufgelöst zu haben.

Nach einem reichlichen Abendessen ließ Reginald Meg und Mrs. Campbell bei ihrem batteriebetriebenen Radio und klomm die Stiegen zu seinem leicht nach Kampfer duftenden Dachraum mit den schrägen Decken empor. Die Seeluft und das ungewohnte Laufen ließen ihn einschlafen, kaum daß er in dem alten Bett mit seiner Daunenmatratze lag.
Und er träumte.
Reginald ging durch eine verzauberte Welt von schwarzen Schatten und silbernem Licht. Der beinahe volle Mond, der gelassen

durch Fetzen fliegender Wolken glitt, regte ihn seltsam auf. Er merkte, er näherte sich dem Steinring, den er am Tag fotografiert hatte, und sein Herz raste, als stünde er an einer wunderbaren Schwelle. In einer solchen Nacht konnte alles Mögliche passieren, und das Leben wäre nachher nie wieder gleich.

Vor ihm erhob sich die Erde wie eine versteinerte Meereswelle, und plötzlich sah er auf dem Grat eine Gestalt, die sich von der Mondscheibe abhob. Er erkannte sie unschwer.

«Meg!» rief er. Sie wandte den Kopf, und der Nachtwind verströmte ihr Haar und zupfte an ihrem dunklen Überwurf. Dann verschwand sie jenseits des Grats.

Reginald rannte ihr nach; nie in seinem Leben hatte er so leicht und schnell laufen können. Bald sah er den Ring der Steine, seine geduckten Formen vor der leuchtenden See dahinter. Er lief an den zwei größten Megalithen vorbei und fand Meg in der Mitte des Kreises stehend.

«Willkommen zurück auf Inchcait», sagte sie, als sie sich ihm näherte, mit glänzenden Lippen und ausgestreckten Armen.

«Meg», murmelte er, und sie lag in seinen Armen. Sie küßten sich mit solcher Leidenschaft, daß er durch ihre Lippen die scharfen Zähne fühlen konnte.

«Willst du, daß ich die Deine werde?»

«Natürlich.»

«Wie früher?»

Er wußte keine Antwort, denn er verstand die Frage nicht.

Sie trat zurück und löste die Schnalle ihres Überhangs. Er glitt zur Erde, und sie war elfenbeinnackt, und ihr Haar, im Wind wallend, ließ ihn wieder an schwarzes Feuer denken – und in ihm war eine dunkle Flamme, die seine Kehle austrocknete und sein Herz schneller schlagen ließ. Er stolperte beinahe, als er nach ihr griff, doch in diesem Augenblick erlosch der Mond hinter einer Wolke.

Wie es in Träumen geht: Als sein kaltes Licht zu den Megalithen zurückkehrte, fand Reginald die Welt verändert. Die Steine waren riesengroß geworden, und hinter ihnen lag weites Land. Auch er hatte sich verwandelt. Er wußte, er hatte seine Kleider

verloren, aber er fühlte die Kühle des Nachtwinds nicht. Er spürte Gerüche und Schwingungen, die er nie zuvor gekannt hatte, und sie teilten ihm Geheimnisse mit, die zu beschreiben er keine Worte hatte.
Er suchte Meg und sah, daß sie, wie er selbst, sich in eine Katze verwandelt hatte.

Als Reginald übers Moor zu den Grauen Katzen stapfte, erwartete er irgendwie, daß sie besondere Bedeutung erlangt hätten – vielleicht so groß dastanden wie in seinem Traum. Aber als er sie im Morgenlicht erblickte, waren sie ein ganz gewöhnlicher Bestandteil der Landschaft. Heute war der Himmel bedeckt und die See hinter den Megalithen bleifarben; die Atmosphäre entsprach seiner Stimmung. Reginald war körperlich und seelisch erschöpft, und als er sich mit dem Meßband an die Arbeit machte, konnte er sich kaum darauf konzentrieren.
Als er in der letzten Nacht aufgewacht war, erleichtert, sich unter seiner Bettdecke zu finden, hatte er sich einzureden versucht, der außergewöhnliche Traum sei auf Überarbeitung zurückzuführen. Er hatte vor Ferienantritt eine Menge unbezahlter Überstunden geleistet, um ein neues Mikrofilmsystem zu installieren. Offensichtlich hatte sein müder Kopf auf die neuen Eindrücke auf Inchcait reagiert – auf das schöne Mädchen, den Ring von Steinen und das Gerede von Katzen. Das mußte am Grund seines phantastischen Traums liegen.
Aber als er von Stein zu Stein schritt, fragte er sich, ob weiter nichts dahintersteckte. Der Traum war ihm so wirklich erschienen, daß er ihn nicht aus seinem Geist verbannen konnte, und es bereitete ihm beinahe erotisches Vergnügen, sich zu erinnern, wie es war, wenn man mit Fell bedeckt war …
Später am Morgen rollte eine Wand kalten Nebels von der See herein, und die weiter wegstehenden Steine wurden zu undeutlichen Schatten. Er hörte Megs Stimme, ehe er sie sehen konnte.
«Guten Morgen, Mr. Meredith», rief sie. «Ich dachte, eine Thermosflasche mit heißem Kaffee wäre Ihnen willkommen.»

«Wie nett von Ihnen.»
«Mutter fand, Sie hätten heute früh recht blaß ausgesehen», sagte sie, als sie aus dem Nebel auftauchte.
«Ich habe schlecht geschlafen. Ein merkwürdiger Traum. Ich glaube, das kommt manchmal vor, wenn man in fremder Umgebung ist. Der Geist muß sich mit so viel Neuem befassen.»
«Ich glaube, viele Leute haben lebhafte Träume, wenn sie nach Inchcait kommen», sagte sie und schraubte die Thermosflasche auf. «War es interessant, Mr. Meredith?»
Ihre grünen Augen ruhten auf ihm. Einen verrückten Augenblick lang war er sicher, sie kenne seinen Traum genau, und er errötete. Dann fand er sich lächerlich.
Als er den Kaffee von ihr nahm, ruhte ihre Hand auf seinem Handgelenk, und sie schauten einander lange ins Gesicht. Und in diesem Augenblick begriff Reginald, daß ihn eine tiefe Liebe zu diesem Mädchen ergriffen hatte. Das erklärte wohl den Traum. Ein Psychiater hätte wohl daran, wie das Unbewußte auf das Bewußte Einfluß zu nehmen versuchte, seine helle Freude gehabt.
Meg brach den Zauber, indem sie sich den großen Papierbogen zuwandte, auf denen er die Position der Steine notiert hatte. Als er ihr die Skizzen zu erklären begann, nahm er in einem Augenwinkel eine Bewegung wahr. Kater Smokey beobachtete sie von einem der nebelverhangenen Steine aus.

An diesem Abend war es Reginald beim Essen mit Meg und ihrer Mutter sehr wohl. Man sprach nur über Allgemeines, aber er war sicher, daß er sich die wachsende Anziehung zwischen ihm und dem fesselnden Inselmädchen nicht einbildete.
Als er Mrs. Campbell Gutenacht gesagt hatte, kam Meg bis zum Fuß der Stiege mit ihm und gab ihm einen schnellen Kuß, ehe sie verschwand. Beim Entkleiden lächelte Reginald darüber, was sie wohl dächte, wenn sie wüßte, was er von ihr geträumt hatte. Dieses Geheimnis würde er bewahren müssen.
Am nächsten Morgen erwachte er früh genug, um mit Meg zu

frühstücken. Danach machte er sich glücklich auf den Weg zu den Grauen Katzen. Das Licht war klar, und er beschloß, einzelne Steine zu fotografieren, bevor er wieder ans Vermessen ging. Ihn interessierte vor allem die Oberflächenstruktur der Steine, und als er das Stativ aufstellte, hoffte er interessante Effekte zu erzielen.
«Sie sind wohl Fotograf», sagte eine Stimme hinter ihm. Er richtete sich auf und sah einen untersetzten jungen Mann in Stiefeln und Segeltuchjacke.
«Wie Sie sehen, fotografiere ich», sagte Reginald. Etwas an diesem Fremden mahnte zur Vorsicht.
«Ich möchte, daß Sie für mich ein paar Bilder machen; ich bezahle dafür.»
«Nun ...», setzte Reginald an, der nicht recht wußte, was er denken sollte.
«Wissen Sie», sagte der Mann, dessen gebräuntes Gesicht völlig ausdruckslos blieb, «ich heirate bald und möchte Fotos von der Feier. Ich heirate Meg Campbell. Das ist ausgemacht, seitdem wir klein waren. Sie verstehen?»
Das Blut wich aus Reginalds Gesicht. Einen Augenblick lang war ihm schwindlig.
«Und Sie könnten Fotos machen. Das würde mir gefallen.»
«Aber ich bin nur kurz hier», hörte Reginald sich erklären.
«Dann heiraten wir eben eher. Das müssen wir, damit Sie uns fotografieren können. Es ist Zeit für Meg, eine Ehefrau zu werden. Sie ist jetzt sehr unruhig, und das macht einen falschen Eindruck. Ich meine, einen falschen Eindruck auf Leute, die sie nicht gut kennen. Fremde zum Beispiel. Und das könnte Ärger geben.»
Er beugte sich vor, als wolle er Reginald etwas Vertrauliches mitteilen. «Ich meine mit Ärger, daß ich jedermann umbringen würde, der sich zwischen Meg und mich stellt. Und ich würde mir ebensowenig Gewissensbisse machen, als wenn ich ein Schaf schlachtete.»
Er ging von dannen und rief noch über die Schulter zurück: «Vergessen Sie es nicht, ich will die Fotos von Ihnen.»

Beim Abendessen sagte Reginald zu Meg: «Ich habe heut früh bei den Grauen Katzen einen Freund von Ihnen kennengelernt.»
«Ja?» sagte sie, und er bemerkte, wie Mrs. Campbell beunruhigt zu ihrer Tochter hinüberschaute.
«Ja. Ich weiß nicht, wie er heißt, aber er bat mich, eure Hochzeitsfotos zu machen.»
«Andrew!» rief Meg aus. «Achten Sie nicht auf Andrew. Er ist verrückt.»
«Mir gab er zu verstehen, Sie beide seien so etwas wie verlobt.»
«Meg und er gingen miteinander, als sie noch beinahe Kinder waren», sagte Mrs. Campbell. «Es war harmlos und dauerte nicht lange, aber er glaubt noch immer ein Recht auf Meg zu haben. Auf Inchcait denkt man, die beiden würden gut zusammenpassen, aber Meg hat für jemand wie ihn zuviel Temperament.»
«Finden Sie selbst, die beiden paßten zusammen?»
«Oh, es könnte schlimmer sein. Andrew McLeod ist ein seltsamer Mensch, aber er ist ein guter Bauer, und Inselleute heiraten am besten Inselleute. Es gibt Dinge bei uns, die ein Fremder schwer verstehen würde.»
In dieser Nacht träumte Reginald wieder, er sei ein Kater. Der Traum war beständig – ein Spiegeldasein –, und er kehrte immer wieder zurück, um sich vom Mondlicht im Ring und von der geschmeidigen Gestalt Megs bezaubern zu lassen. Ihre Augen glühten dicht bei den seinen, und ihr dunkles Fell elektrisierte ihn, wenn es gegen das seine rieb. Manchmal schnappte sie spielerisch nach ihm, und manchmal legte sie eine Pfote auf seine Schulter und leckte ihn. Beide wußten, die Zeit der Paarung war nahe. Sein Herz war voll geheimnisvoller Freude, wie sie die naturfernen Menschen nicht mehr kannten – nicht mehr, seit sie aufgehört hatten, Pan zu verehren, und sich um ihre Seelen sorgten. Er war so eingesponnen, daß er erstaunt war, einen langen ekstatischen Schrei zu hören und dann zu begreifen, daß er aus seiner Kehle gekommen war.
Plötzlich zum Flirten aufgelegt, sprang Meg auf einen Megalithen. Er wollte ihr folgen, da traf ihn etwas so hart, daß er zu

Boden geworfen wurde. Fauchen erklang in seinen Ohren, und ein Katergesicht war nahe, die Zähne glänzend im Mondlicht, und Haß loderte aus den gelben Augen.
Die Katzen rollten zusammen auf der Erde. Smokeys Zähne schlugen in das Fell an Reginalds Hals, aber es gelang ihm, sich loszureißen, und er duckte sich, die Brust auf dem Gras.
Für den Bruchteil einer Sekunde schaute er zum ihn überragenden Stein auf, auf dem Meg saß, den Schwanz züchtig über die Vorderpfoten gelegt. Er hoffte auf Ermutigung, aber sie blieb so rätselhaft wie der Stein unter ihr.
Smokey ging zum Angriff über. Reginald warf sich zurück auf die Hinterbeine, aber die Krallen des grauen Katers zerschnitten sein Gesicht. Schmerz, Furcht und die Einsicht, daß er der wilden Katze nicht gewachsen war, ließen Reginald aus dem Ring fliehen.
Der Schrecken des Albtraums lastete schwer auf ihm. Er fühlte sich krank. Er zündete die Kerze neben seinem Bett an, erhob sich und ging zum Wasserkrug auf der Kommode.
War er dabei, den Verstand zu verlieren? Würde er in der nächsten Nacht wieder träumen und sich im Ring finden, um den schrecklichen Kampf fortzusetzen?
Er trank einen Schluck Wasser und sah sein Gesicht im Spiegel. Beinahe schrie er auf, nicht vor Schmerz, sondern weil er erkannte, was das Blut bedeutete, daß seine Wange hinuntersikkerte.

Die Frauen, die ihre Wäsche aufhängten, schauten Reginald schweigend an, als er mit seinem Koffer und der Reisetasche an den Häuschen vorbeiging.
Meg war nicht beim Frühstück gewesen, als er Mrs. Campbell sagte, er wolle diesen Morgen mit der Fähre abfahren. Sie hatte höflich gemurmelt, er wisse das sicher am besten, aber ihr Blick war auf seine zerkratzte Wange geheftet.
Als er die Mole erreichte, lungerten dieselben alten Männer darauf herum und schauten mit ausdruckslosen Augen durch den

Pfeifenrauch auf ihn, wie er sein Gepäck auf den Bretterboden stellte.
«Ist die Fähre schon weg?» keuchte er atemlos.
«Sie ist nicht weg», sagte einer. Dann dämpfte er Reginalds Erleichterung: «Sie ist nicht weg, weil sie gar nicht hier war. Panne im Hafen von Oban. Kann eine Woche dauern, bis der Motor repariert ist. Sieht aus, als müßten Sie hierbleiben, Mister.»
Die andern kicherten.
Als Reginald sich auf den Rückweg quer durch Inchcait machte, wurde ihm klar, daß sich sein Verbleiben auf der Insel nicht vermeiden ließ. Man konnte dem Schicksal nicht ausweichen. Das Wissen, daß er sich ihm nun stellen würde, brachte ein seltsames Gefühl der Gefaßtheit.
Meg wartete an der Tür des Bauernhauses. Sie wirkte leblos, als sie murmelte, es täte ihr leid, daß er nicht hätte abfahren können, wie er es gewünscht hatte.
«Natürlich können Sie bei uns wohnen, bis das Boot kommt. Und Sie brauchen auch nicht mehr zu den Grauen Katzen zu gehen.»
«Heut abend ist Vollmond, glaube ich», sagte Reginald. «Ich habe vor, die Steine im Mondlicht zu fotografieren. Das sollte sehr dramatische Bilder geben.» Er hielt inne, während sie ihn mit plötzlichem Verstehen anschaute.
«Es wird sehr spannend werden», fügte er hinzu, «leibhaftig im Ring zu sein ... allein mit Smokey.»

4 Die Katzenfrau

Stella Whitelaw

Lucinda Ward Barrington war eine unterentwickelte Katzennärrin. Sie hatte nie eine Katze besessen oder mit einer zusammengelebt, aber sie hielt jederzeit an, um auf der Straße eine räudige Gassenkatze zu streicheln, selbst wenn es regnete.
Ihre Eltern hatten ihr nie ein Kätzchen gekauft, und ihre Schulfreundinnen hatten Hunde. Ihre Arbeit als Fotomodell bestand darin, katzenlos unter Scheinwerfern oder in exotischen Gegenden zu posieren. Manchmal verlangte man, daß sie sich mit einem Windhund aufnehmen ließ (sie gehörte zu dieser Art von Modellen), aber nie mit einer Streichelkatze.
Obschon Katzen in ihrem Leben keine bestimmte Rolle spielten, dachte sie oft an sie. Sie ging nie ohne Gruß an einer Katze vorüber, kaufte stets einen Katzenkalender, und wenn sie im Fenster einer Tierhandlung die hinreißenden Possen eines winzigen Kätzchens sah, schmolz ihr Herz praktisch in ihre modischen Stiefel.
Zu der Zeit in ihrem Leben wußte Lucinda nicht recht, was ihre Gefühle wollten. Sie wurde – um ein altmodisches Wort zu gebrauchen – von einem Mann hofiert, der sie heiraten wollte. Das brachte sie in ein schwer erträgliches Dilemma, denn obschon sie den Mann liebte, wollte sie nicht heiraten. Ihre Freiheit und Unabhängigkeit waren ihr kostbar; sie glaubte, ohne sie nicht leben zu können. Nachts schlief sie schlecht; die Sorgen verfolgten sie in ihre Träume und zeichneten zarte blaue Schatten dorthin, wo keine sein sollten.
«Liebes, du siehst müde aus», sagte Marc Lauritzen, der dänische Fotograf, der sie stets für erstklassige Modefotos beschäftigte. «Hast du zu hart arbeiten müssen? Du weißt, ich vergesse mich manchmal.»
«Diese Mäntel sind heiß und schwer», sagte sie und fuhr mit

einer Hand unter den großen Kragen eines langen Pelzmantels, um ihrem feuchten Nacken Kühlung zu verschaffen. Die Spotlights und Reflektoren strahlten eine gleißende Hitze aus. Es war Hochsommer, und sie posierte mit Pelzen. Es war eine verrückte Welt.

«Willst du schnell duschen? Ich kann unterdessen die Kulisse für die nächsten Aufnahmen bereitmachen.»

Die Luxuspelze wurden mit Karren von Muschelverkäufern im Hintergrund fotografiert; das empfand man als amüsant. Lucinda hielt das für taktlos, aber sie tat, was man ihr sagte, und Marc befolgte die Anweisungen seiner Kunden. Er war sehr professionell.

«Herrlich», sagte sie und pflanzte einen feuchten kleinen Kuß hinter sein rechtes Ohr. «Eine Dusche wäre herrlich.»

«Komm himmlisch duftend zu mir zurück», sagte er poetisch, voll dänischem Charme und männlicher Verwirrung.

Marcs Wohnung befand sich einen Stock höher als Atelier und Dunkelkammer. Er nannte das, über dem Laden zu leben. Lucinda ging die Wendeltreppe zum Badezimmer hinauf. Sie kannte sich in seiner Wohnung aus, denn er war der Mann, den sie liebte. Er war empfindsam, gütig, lustig und talentiert. Zudem liebte er es, schöne Dinge zu fotografieren, und schöne Frauen wie Lucinda. Sie hatte seltsame Augen, die einen verfolgen konnten: groß und leuchtend wie grünes Wasser, mit kleinen Goldflecken drin. Ihre Backenknochen waren schmal und hoch, als stamme sie von einer tibetanischen Prinzessin ab, und ihr langes silbernes Haar spann einen Zauberschein um ihr Gesicht. Sie bewegte sich stets graziös, hatte Würde und einen lieben Charakter. Kein Wunder, daß sie ein hochbezahltes und erfolgreiches Modell war.

Lucinda warf den schweren Pelz ab, schlüpfte aus Bikinihöschen und Büstenhalter und trat unter die Dusche. Sie stellte das Wasser auf lauwarm und neigte den Kopf seitwärts, damit Haar und Make-up nicht naß wurden.

Als das Wasser ihre Haut berührte, durchfuhr es sie wie ein

elektrischer Schlag. Sie sprang zur Seite und drückte sich eng an die Wand der Duschkabine, ihre Nervenzellen kribbelten. Das Wasser ergoß sich harmlos von der Düse auf ihre nackten Füße, aber sie schrie auf und wand sich hin und her, um dem Naß zu entgehen. Ihre Zehen verkrampften sich, ihr ganzer Körper schauderte, und sie wimmerte vor Entsetzen.

Als Lucinda den Vorhang zischenden Dampfes sah, der sie von der Außenwelt trennte, wuchs ihre Furcht. Es war ein Gefühl, das in alle Nervenenden ihrer Haut kroch. Eine schreckliche Ahnung, sie würde ertrinken, würgte sie. Sie war so außer sich, daß sie beinahe das Bewußtsein verlor. Aber sie *mußte* hinauskommen. Sie mußte sich stählen, um durchs Wasser zu springen. Es abzudrehen, kam ihr nicht in den Sinn.

Sie taumelte durch die peitschenden Tropfen, mit fest geschlossenen Augen und hilflos keuchend, ohne an ihr Haar oder ihr Make-up zu denken. Zitternd stand sie auf der Badematte, ihre Knie drohten nachzugeben. Sie verstand nicht, was passiert war, aber das Grauen, als das Wasser ihre Haut berührte, war ganz wirklich gewesen.

Es dauerte mehrere Minuten, bis sie sich wieder gefaßt hatte. Sie langte nach einem großen Tuch und begann sich zu trocknen; sie tupfte nicht nur die Feuchtigkeit weg, sondern rieb sich energisch, bis ihre Haut trocken war. Sie beruhigte sich und fand die Erklärung, der Pelz habe Flöhe enthalten. Das mußte es sein. Anders war es nicht zu verstehen. Mikroskopisch kleine Insekten waren wohl im Pelz gewesen, nahe ihrer Körperwärme. Nun, sie würde diesen Mantel nicht mehr tragen. Sie schlüpfte in Marcs Bademantel und ging ins Atelier hinunter.

«Hast du genug Aufnahmen von diesem Mantel?» fragte sie mit möglichst normaler Stimme. Sie schwang den Ozelotpelz über die Kleiderstange, so daß es aussah, als kauerte da ein Tier vor dem Sprung; ein Ärmel hing wie ein Katzenschwanz herunter.

«Mehr als genug, Liebes. Ist dir gut? Du schaust blaß aus. Sollen wir aufhören?»

Lucinda schüttelte den Kopf und brachte ein Lächeln zustande.

«Nein, mir geht's gut. Ich muß nur Gesicht und Frisur wieder in Ordnung bringen.»
«Ich möchte noch das anliegende Abendkleid und das Polarfuchs-Cape fotografieren. Das sieht genau richtig aus vor einem Muschelstand», grinste er.
Lucinda posierte für jeden Blickwinkel, streckte ihre Glieder, schüttelte den Essig, steckte eine Muschel zwischen ihre glänzenden Lippen. Es waren seltsame kleine, farbige Fischstückchen; sie hatte noch nie so etwas gegessen. Die erste rutschte ihre Kehle hinunter, ohne daß sie es merkte. Marc kreiste um sie ... Click, click, click ... Der Auslöser seiner Kamera klang wie Kastagnetten.
«Lucinda! Du hast ja alle gegessen! Alle meine Versatzstücke! Ich wußte nicht, daß du Muscheln so gern hast. Vielleicht brauche ich dich jetzt nicht mehr zum Essen einzuladen.»
«Es tut mir schrecklich leid», sagte Lucinda perplex. «Ich habe überhaupt nicht gemerkt, daß ich sie aufaß. Habe ich die Aufnahmen verdorben?»
Marc begann, die Kameras abzubauen. «Natürlich nicht, Liebes. Wahrscheinlich bist du wieder am Hungern, daher siehst du so bezaubernd abwesend aus. Wann endlich darf ich dauernd und richtig für dich sorgen?»
«O Marc, bitte ...» Lucinda zog sich rasch im kleinen Zimmer der Modelle an. «Ich will nicht darüber sprechen, besonders nicht heute.» Ihr Erlebnis in der Dusche hatte sie nervös und unsicher gemacht. Sie begann, ihre Nägel zu feilen. Sie waren lang und mandelförmig, und Lucinda war stolz auf sie.
«Das sagst du immer, Lucinda, und es macht mich ganz verrückt. Einmal muß ich wissen, wo ich stehe.»
Sie kam aus dem Ankleideraum in ihrer Straßenkleidung. In dem handgefärbten Baumwollrock bot sie einen bezaubernden Anblick. Außerdem wand sich eine verdrehte, regenbogenfarbige Schärpe durch ihr silbernes Haar.
«Laß mich nicht zu lange warten», stöhnte er.
Er führte sie in ein bekanntes Restaurant, das vor allem Meeres-

früchte servierte. Lucinda erschauerte, als sie die Themse sah, die dunkel an der Terrasse vorbeifloß. Sie wandte sich vom Fluß ab. Sie wollte es trocken und warm haben.
«Können wir drinnen essen?» fragte sie und schlang ihren Arm durch den seinen. «Mir ist ein bißchen kühl.»
Sie bestellte einen Garnelencocktail und ließ den Salat liegen; dann Seezunge, wobei sie das Gemüse nicht anrührte; schließlich Erdbeeren mit Schlagsahne; die Erdbeeren schaute sie nicht an. Marc sagte nichts. Das war wohl irgendeine neue Schlankheitsdiät. Modelle befolgten stets irgendwelche Diäten.
«Könnte ich noch ein bißchen Sahne haben?» fragte Lucinda, als der Dessertwagen vorbeirollte. Der Kellner, von ihrem Lächeln bezaubert, goß ihr reichlich Sahne über die Beeren. «Herrlich», murmelte sie zufrieden.
Nach dem Essen ging es ihr besser, und sie dachte nicht mehr an ihr schreckliches Erlebnis. Sie rollte sich in ihrem Bett zum Schlafen zusammen; sie spürte Marcs Küsse noch warm auf ihren Lippen.
Aber als sie am Morgen die Dusche aufdrehte, schoß derselbe elektrische Schock durch sie. Das Wasser erfüllte sie mit Entsetzen, obwohl sie nicht naß wurde. Es prasselte lediglich zu Boden und verschwand durch den Abfluß. Nichts konnte sie dazu bewegen, sich darunterzustellen. Sie wickelte ein Handtuch um ihren Arm, ehe sie mit der Hand zu den Hahnen griff und das Wasser an der Quelle abstellte. Sie lehnte sich gegen den Rand des Waschbeckens, den Kopf gesenkt, tief atmend. Sie konnte diese Furcht nicht verstehen. Diesmal waren keine Flöhe im Spiel. Vielleicht war es eine Allergie. Das kam bei Meeresfrüchten häufig vor, und sie hatte ziemlich viel gegessen. Sie erinnerte sich plötzlich an die Muscheln. Ja, es mußten die Muscheln sein.
Mit einem feuchten Flanelltuch erfrischte sie einstweilen Gesicht und Körper. Sie fand heraus, daß sie das Tuch langsam und schwungvoll zum Abreiben verwenden mußte; dann hatte sie weniger Angstgefühle. Lange bürstete sie ihr Haar; sie wagte nicht, es zu waschen.

An diesem Abend führte Marc sie zu einer Première im Drury-Lane-Theater aus. Es waren viele Stars da, aber die lebhafteste Aufmerksamkeit galt Lucinda. Sie sah in ihrem Satinkleid im Stil der dreißiger Jahre, mit wallenden Straußenfedern geschmückt, hinreißend aus. Ein mit glitzernden Steinen besetztes Kopfband hielt ihr Haar von der Stirn zurück, und lange, funkelnde Gehänge baumelten von ihren winzigen Ohren.
Sie rührte den geeisten Wodka nicht an, den er ihr in der Bar brachte. Irgend etwas an seinem Geschmack störte sie.
«Liebes, ich habe in Cannes für einen Monat eine Villa gemietet. Kommst du mit? Es wäre ein wunderbarer Ort für Flitterwochen. Bitte überleg es dir ... Du hast in letzter Zeit so hart gearbeitet.»
Lucinda dachte während der ersten Hälfte des Musicals über alles nach. Sie saß im Dunkeln und feilte geistesabwesend ihre langen Nägel. Sie wollte keine Entscheidung dieser Art treffen, obwohl sie Marc liebte. Sie brauchte ihre Freiheit und Raum zum Atmen. Die Vorstellung, an jemand gebunden zu sein – selbst an jemand, den sie so innig liebte –, machte ihr das Herz schwer. Es würde wie im Gefängnis sein; ihr starker, unabhängiger Geist würde ihr genommen.
In der Pause ging das Licht an, und Lucinda blinzelte. War sie eingeschlafen? Marc nahm ihre Hand.
«Ein fabelhaftes Musical. Möchtest du noch einen Drink? Ich habe an der Bar deinen Lieblingswodka bestellt.»
«Könnte ich statt dessen ein Eiskrem haben?» fragte sie.
«Es könnte wundervoll sein in Cannes», sagte Marc beim Gutenachtkuß. «Den ganzen Tag schwimmen ...» Lucinda unterdrückte ein Schaudern. Nein, nein, mit Cannes würde es nichts.
«Und fischen. Wir könnten die selbstgefangenen frischen Fische grillieren ...» Das klang schon besser.
Sie konnte nicht schlafen. Sie stand hellwach in der Küche ihrer Wohnung, die Finger in einem Topf Krabbenpaste. Sie leckte geistesabwesend und sorgenvoll ihre Finger ab. Diese Abneigung gegen Wasser machte ihr allmählich das Leben schwer. Bäder kamen nicht mehr in Frage. Und unter der Dusche war sie voller

Ablehnung selbst gegen eine ganz kurze Berührung mit dem Naß. Sie brauchte kiloweise Reinigungscremen, und sie hatte sich Teller und Tassen aus Karton besorgt, um nicht abwaschen zu müssen. Wie seltsam war ihr Leben geworden, sie verstand es nicht. Vielleicht sollte sie einen Arzt aufsuchen; es konnte an ihren Hormonen liegen.

Sie trank ein Glas Milch und aß ein wenig rohe Leber, mit der sie eine Paté hatte machen wollen. Dann ging sie ins Schlafzimmer, legte sich aber nicht ins Bett. Statt dessen rollte sie sich am Fußende zusammen und schlief unter dem Bettüberwurf.

Der Arzt schickte sie zu einem Spezialisten. Der glaubte, es handle sich um eine psychologische Reaktion auf ihre Berufsarbeit, bei der Schönheit und Reinlichkeit die Hauptrolle spielten. «Sie kämpfen gegen Ihr eigenes Image», sagte er, vergnügt über diese Formulierung. Er schrieb sie auf, um sie später wieder zu verwenden.

Seine gescheiten Worte halfen aber nichts gegen ihre Wasserscheu. Einmal kauerte sie im Regen auf ihrer Feuertreppe; das leichte Sprühen war eben noch erträglich. Ihr Gesicht lag auf den Knien, Regen rann ihr das Haar hinunter. Eine kleine, weiche, gepolsterte Pfote berührte vorsichtig ihre Knöchel. Es war eine kleine rote Katze; Regentropfen glitzerten auf ihren Schnurrbarthaaren wie Perlen, und ihre Augen waren fragend und neugierig.

«Hallo», flüsterte Lucinda und streichelte das nasse Fell sanft. «Ist die Welt nicht seltsam, Katze?»

Die Katze schaute sie unverwandt und besorgt an. Sie konnte ihr nicht helfen.

«Wach auf, Liebes. Du bist wieder eingeschlafen», sagte Marc zum drittenmal am selben Morgen. Lucinda gähnte und streckte wonnevoll ihr Rückgrat.

«Ich habe herausgefunden, daß ich jederzeit für ein paar Augenblicke einschlafen und dann ganz erfrischt aufwachen kann», sagte sie leichthin. «Es scheint mir ganz natürlich.» Sie stand vom

Atelierboden auf und begann herumzuwandern; dann ging sie zu Marc und schmiegte ihr Gesicht an seinen Arm. «Hast du Milch da?» fragte sie.

«Soll ich dir Kaffee machen?» bot er an.

Sie schüttelte den Kopf und kratzte sich am Ohr. «Ich mag Kaffee nicht mehr. Nur Milch ... Oder hast du Sahne?»

«Die allerbeste», versprach er.

In den Nächten schlief sie immer weniger und wanderte dafür herum. Sie entdeckte, daß sie ohne Taschenlampe im Dunkel bestens sah, und sie hatte nie Angst. Auch ihre Höhenfurcht war verschwunden. Eines Nachts marschierte sie ohne Zögern über das Geländer der London Bridge und hielt vollendetes Gleichgewicht.

Sie setzte sich neben die steinernen Löwen, die am Themseufer Kleopatras Nadel bewachten. Es gab eine Menge Legenden um den hohen Obelisken, Geschichten von Geistern, die zum Ort zurückkamen, von dem aus sie in die Themse gesprungen waren. Ob der kalte Stein wohl das sonnenerfüllte Heliopolis vermißte, wo er vor dreieinhalbtausend Jahren gestanden hatte? Ihre Kleider waren heiß und juckten sie; sie hätte sie gerne abgelegt, den Ledergürtel ihres Mantels geöffnet und ihn zu Boden gleiten lassen. Ihre Schuhe beengten ihre Zehen; sie streifte sie ab.

Marc hatte Gelegenheit, ein Wochenendhäuschen mit großartiger Aussicht auf die Mendip Hills zu kaufen. Der Preis war günstig, und die Bank würde eine großzügige Hypothek gewähren.

«Aber ich schließe nicht ab, bis ich endgültig weiß, daß wir zusammensein werden.»

«Natürlich werden wir zusammensein», sagte sie liebevoll.

«Ich meine, verheiratet», sagte er und preßte den Mund zusammen. «Wir sollten uns endlich entscheiden, Lucinda.»

«Bitte, nein», sagte Lucinda. «Zwing mich nicht, zwischen euch zu entscheiden.»

«Zwischen euch? Was meinst du? Ist da jemand anderer?»

«Nein ...», sagte Lucinda unglücklich. «Ich meinte, zwischen dir und meiner Freiheit, meiner Unabhängigkeit.»
«Du meintest einen anderen Mann.» Marc war verletzt und zornig. «Endlich verstehe ich, warum du dich nicht festlegen wolltest. Ich hätte es wissen müssen. Vielleicht gibt es Dutzende von Männern in deinem Leben.»
Lucinda erschrak über diese grundlose Beschuldigung und den grimmigen, lieblosen Ausdruck seiner Augen. Sie stürzte sich mit den Fingernägeln auf ihn. Fassungslos über ihren Angriff packte er ihre Handgelenke und hielt sie mit eisernem Griff von sich ab.
«Du kleine Höllenkatze», knurrte er. «Wage es nicht, mit den Fingernägeln auf mich loszugehen.»
Lucinda entwand sich seinem Griff und rannte davon. Marc hatte ihr gegenüber noch nie die Geduld verloren und auch noch nie so rauh zu ihr gesprochen. Sie wußte nicht, wo sie ihren Schmerz verbergen konnte. Tränen würgten sie, und sie floh ziellos in die dunklen Straßen. Der Wind hob ihr Haar hoch, und sie hatte das Gefühl, in eine Schale voll Sterne zu fallen ...
Das wurde alles zuviel: diese seltsame Wasserfurcht und ihre sich wandelnden Gewohnheiten. Wie konnte sie sich denn gegen diese Krankheit wehren und gleichzeitig Entscheidungen treffen, die ihr ganzes Leben betrafen? Würgende Panik ergriff sie ...
Ihre Sicht trübte sich, ihre Gedanken, verwirrt und ohne Zusammenhang, erkannten nichts Vertrautes mehr. Die Straßen waren länger, die Häuser höher in der Nachtluft. Sie verirrte sich, taumelte durch unbekannte Gassen. Blind rannte sie dem Ufer entlang, stolperte über unebene Steinplatten, stieß eine Bierdose beiseite. Irgendwo verlor sie ihre Tasche, und ihre hübschen Sachen rollten aufs Pflaster. Irgendwo in der Nähe des hochaufragenden Obelisken – verschwand sie einfach.
Alle Zeitungen berichteten darüber:

BERÜHMTES FOTOMODELL VERSCHWUNDEN

Sie brachten Fotos von ihr im langen Ozelotmantel mit dem Luchskragen. Sie schrieben spannende kleine Geschichten über ihre Karriere und über das schwere Leben eines Fotomodells.

Die Polizei fand ihre Tasche und ein paar Dinge daraus in der Nähe der Nadel Kleopatras, und Froschmänner durchsuchten die schlammigen Wasser der Themse. Kleine Jungen fanden bei Ebbe ihren Ledergürtel.
Jedermann kam zum gleichen traurigen Schluß. Um Kleopatras Nadel, vom Nachtnebel umhüllt, rankten sich viele Geschichten von Selbstmorden und geheimnisvollen Begebenheiten.
Marc war außer sich. Er veranstaltete eine schwermütige Abschiedsvorstellung mit Lucindas Fotografien, da eine Beerdigung nicht möglich war. Ihr schönes Gesicht sah ihn von den Wänden an; die goldgefleckten Augen und das silberne Haar wirkten feenhafter denn je.
Dann nahm Marc die Arbeit wieder auf und versuchte, sich mit gehäuften Aufgaben zu betäuben. Sein neues Modell, Vicky, war indes hoffnungslos. Er fand die Blick- und Beleuchtungswinkel nicht heraus, die für ihr Gesicht richtig waren. Nach mehreren fruchtlosen Versuchen fanden sie beide, Marc solle die Agentur um jemand anders bitten.
Er öffnete Vicky, als sie ging, die Tür, und eine schlanke, silberweiße Katze mit glänzenden grünen Augen kam herein. Sie schritt so dezidiert einher, als gehöre das Atelier ihr. Sie kletterte auf die Estrade und begann, ihr flauschiges Fell zu pflegen.
«Lieber Himmel, welch eine prächtige Katze», sagte Vicky. «Gehört sie Ihnen?»
«Nein, ich habe sie noch nie gesehen. Es muß eine wilde Katze sein, aber sie scheint sich hier auszukennen.»
«Mir scheint, Sie sind im Begriff, adoptiert zu werden», sagte Vicky und strich den Saum ihrer Strümpfe gerade. «Sie wissen doch, Katzen wählen ihre Herren immer selber, nicht umgekehrt.»
Marc grinste kurz. «Wirklich? Das wußte ich nicht. Ade, Vicky. Danke fürs Kommen. Es tut mir leid, daß nichts draus wurde.»
Als er seine Kameras wegräumte, spürte er, wie die Katze ihn unverwandt anstarrte und jede seiner Bewegungen beobachtete.
«Mir geht es im Augenblick nicht besonders gut», sagte er

plaudernd zu ihr. «Ohne meine geliebte Lucinda scheine ich nichts mehr fertigzubringen.»
Die Katze sprang von der Estrade hinunter und strich mitfühlend um Marcs Beine, den Rücken graziös gekrümmt.
«Du bist ein hübsches kleines Ding», sagte Marc und ließ sich auf ein Knie nieder, um das weiche Fell zu befühlen. «Möchtest du ein wenig Milch?»
Ein leises kehliges Schnurren fing zu vibrieren an; sein Ton war fröhlich und unerwartet.
«Allerbeste Sahne?» fragte er.
Die Katze reckte sich empor, legte eine Pfote auf sein Knie und schmiegte ihr Gesicht mit der kleinen feuchten Nase an seines. Es kitzelte, und Marc mußte lachen. Das Licht der Atelierlampen umgab das Katzenfell mit einem silbrigen Schein; Lichtfunken schossen in den Raum.
Die künstlerischen Möglichkeiten raubten Marc plötzlich den Atem. Diese freundliche, intelligente Katze war ein wundervolles Geschöpf.
«Ich glaube, ich nenne dich Cindy», sagte er und hob mit sanftem Finger das pelzige kleine Kinn. «Willst du mein neues Modell sein? Ich brauche dich.»
Die goldgefleckten Augen wurden dunkler und schauten ihn mit unverhehlter Liebe an. Sie brauchte keine Entscheidungen mehr zu treffen.

5 Auf der anderen Seite des Berges

Judy Gardiner

Die Familie Pastecka lebte seit drei Generationen auf der Schattenseite des Berges, und die älteste Tochter fand, das Glück würde ihnen nicht eher lachen, bis sie an einen günstigeren Ort zögen. Hier dauerte die eisige Winterkälte neun Monate, und in den kurzen, trockenen Sommern verdorrten sogar Hafer und Roggen. Die Hühner kauerten dann hechelnd hinter der Türe des einzigen Wohn- und Schlafraums, zu lethargisch, um auch nur ein Ei zu legen.

Und die Familie war ebenso träge geworden. Niemand raffte sich mehr zu harter Arbeit auf außer der ältesten Tochter, und obwohl sie die anderen wegen ihrer gottlosen Faulheit dauernd schalt, wußte sie, daß der wirkliche Grund ihrer unerbittlichen Armut darin lag, daß sie auf der falschen Seite des Berges lebten. Auf der anderen Seite waren die Winter bestimmt mild und die Sommer gemäßigt, und die Ziegen gaben reichlich Milch. Manchmal, wenn sie Holz hackte oder Kessel voll Wasser aus dem Fluß herbeischleppte, erlaubte sie sich den Luxus, davon zu träumen, wie es wäre, in einem Haus zu leben, das gleich neben der Haustür einen Wasserhahn hatte.

Man sagte, auf der anderen Seite des Berges gebe es eine Eisenbahnlinie, die zu einer großen Stadt führte, wo Frauen seidene Strümpfe trugen und in den Cafés Wein tranken, aber die älteste Tochter hatte keine Möglichkeit, festzustellen, ob diese Gerüchte zutrafen. Wein und Seidenstrümpfe interessierten sie ohnehin weit weniger als eine anständige Kohlernte oder genügend Ziegenmilch, um ein paar Vorratskäse für den Winter zu machen. Niemand außer ihr arbeitete oder dachte auch nur ein wenig voraus.

Die Pastecka-Familie hatte sechs Mitglieder. Eine zahnlose Großmutter, einen von Geburt an schwachsinnigen Onkel, den

Vater und seine drei Töchter. Der Vater, ein schweigsamer Mann mit großen Fäusten und kleinem Schädel, war seit zehn Jahren Witwer, und seine beiden jüngeren Töchter mochten ihn nicht, weil er keinen Versuch machte, Ehemänner für sie zu finden; über das Thema Ehemänner bewahrte die älteste Tochter ein dünnlippiges Schweigen.

In enger Gemeinschaft mit ihnen lebten acht Hühner, eine Milchziege und eine schwarz-weiße Katze, der ein Ohr fehlte. Die Katze war ungeladen erschienen, Gott wußte, woher sie kam; sie schlich sich in einer bitterkalten Märznacht zur Tür hinein und kroch bäuchlings auf das Feuer zu. Die älteste Tochter wollte sie verjagen, aber der schwachsinnige Onkel ließ ein paar Kaninchenknochen auf den Boden fallen und kicherte, als die Katze sie ergriff und mit ihnen in eine dunkle Ecke schoß. Die Katze blieb, und die Familie gewöhnte sich an ihre Anwesenheit, kümmerte sich aber nicht um sie. Das Tier selbst sorgte für sich mit ruhiger Tüchtigkeit, stahl hier und da ein wenig Nahrung oder Wärme und besänftigte den Zorn der Menschen, indem sie die Ratten im Kornspeicher fing.

Die Katze war sechs Monate lang bei der Familie Pastecka gewesen, als der Gutsherr die bereits übertrieben hohe Pacht für die Elendsbehausung und ein Hektar steinigen Lands verdoppelte. Der Vater fluchte, tat aber nichts, und die Großmutter flehte die Heilige Jungfrau um Hilfe an. Die beiden jüngeren Töchter umarmten einander weinend. Die älteste Tochter schaute sie alle und den verständnislos grinsenden Onkel mit Verachtung an, band ihr Kopftuch um und ging zum Haus des Gutsherrn.

Er sagte ihr, er brauche das Geld für die Mitgift seiner Tochter.

«Du lügst. Kein Mann, der seine fünf Sinne beisammen hat, würde deine Tochter nehmen, nicht einmal mit einem Faß voll Geld.»

«Du bist bloß eifersüchtig, du arme Kreatur ...»

«Sollte ich einmal eifersüchtig werden auf ihr Puddinggesicht und ihre faulen Zähne, würfe ich mich in den Fluß.»

«Raus!» schrie der Gutsherr und erhob die Faust. «Raus, bevor ich dich wegen deiner Unverschämtheit an die Luft setzen lasse.»
Die älteste Tochter schaute ihn verächtlich an. «Du brauchst uns nicht zu kündigen», sagte sie, «wir gehen ohnehin.»
«Gehen?» Er ließ die Faust sinken. «Wohin, wenn man fragen darf?»
«An einen neuen Ort. Ein einflußreicher alter Freund hat uns eingeladen, zinsfrei auf einem seiner Güter zu leben. Das Klima ist mild, der Boden fruchtbar, und an der Haustür ist sogar ein Wasserhahn.»
«Und wo ist dieser Wunderhof, außer im Himmel?» Er lachte hemmungslos.
«Auf der anderen Seite des Berges», sagte die älteste Tochter. «Ich bin nur vorbeigekommen, um dir zu sagen, daß wir gepackt haben und zum Aufbruch bereit sind.»

«Wir gehen also in drei Tagen», sagte sie der Familie beim Abendessen. «Ich hab das Nötige vorgekehrt.»
«Gehen? Von hier weggehen? Warum denn?» Sie starrten sie verständnislos an, die Suppenlöffel standen auf halbem Weg still.
«Weil ich glaube, daß das am besten ist.»
«Vielleicht hast du nichts dagegen, uns zu sagen, wohin wir denn gehen sollen?» Der Vater versuchte, sarkastisch zu sein.
«Auf die andere Seite des Berges. Dort ist das Land besser, und der Tag hat mehr helle Stunden zum Arbeiten.»
«Ich hab einmal von einem gehört, der über den Berg ging», sagte er beunruhigt. «Er kam nie zurück.»
«Nur ein Narr käme an einen Ort wie diesen zurück.»
Einen Augenblick lang war sie versucht, ihnen von dem Traum zu erzählen, der sie so lange verfolgt hatte; der Traum vom Überfluß, geboren aus lebenslanger Armut. Aber sie sagte nichts. Sie sagte auch nichts von dem Streit mit dem Gutsherrn, der den Grund dafür geliefert hatte, daß der Traum plötzlich in die Wirklichkeit umgesetzt werden sollte.
Eine der Schwestern wagte die Frage, wie man reisen würde.

«Zu Fuß, außer du weißt etwas Besseres.»
Die Großmutter faltete die Hände und begann flüsternd zu beten; der Onkel brach ein Stück Roggenbrot ab und zielte damit auf die Katze. Die älteste Tochter schlug ihn auf den Arm.
«Wenn du nach dem Tier werfen willst, nimm Steine, nicht Essen.»
Die andere Tochter fragte, ob man die Hühner mitnehmen würde.
«Natürlich. Wir stecken sie in ein Gitter und laden sie auf den Handkarren. Die Ziege wird laufen müssen wie wir auch.»
«Und die Katze?»
«Die Katze bleibt hier», sagte die älteste Tochter. «Sie soll schauen, wie sie davonkommt.»
Binnen ganz kurzer Zeit begann die Katze zu begreifen, daß etwas Merkwürdiges vor sich ging. Nicht nur die Unruhe, die das Packen und das Ausräumen der armen kleinen Behausung bis auf die dünnen Wände und den harten gestampften Erdboden mit sich brachte, verwirrte und ängstigte sie, sondern etwas, das in der Luft lag. Sie saß allein im mageren Sonnenlicht des Septembers, als der Handkarren beladen wurde mit Bettzeug, Kochtöpfen und schließlich mit dem hölzernen Gitterkäfig, in dem die Hühner flatterten.
Sie gingen weg, ohne die Türe zu schließen, eine kleine, eng zusammengepreßte Gruppe in groben dunklen Kleidern, und sie schauten sich nicht um. Die Katze sah, wie sie immer kleiner wurden, und horchte auf das Meckern der Ziege, das schwächer wurde und allmählich erstarb. Im Haus drin war die Asche des Feuers noch warm, und es duftete noch ein wenig nach Kohlsuppe, aber sonst war alles weg.
Die Katze befeuchtete ihre Pfote mit Speichel und führte sie über die Stelle, wo das Ohr gewesen war. Sie wusch ihre Wangen und scheuerte ein bißchen an den weißen Augenbrauenhaaren, dann setzte sie sich und wartete auf die Rückkehr der Pasteckas.
Am dritten Tag nach ihrem Aufbruch unterbrach die Ankunft des Gutsherrn die Stille. Er kam mit Pferd und Wagen, und als

die Katze das Knarren der Räder hörte, floh sie aufs Feld. Der Besitzer schaute sich ein Weilchen um, stieß mit dem Fuß Erdklumpen weg und stocherte im schmutzigen Stroh des Ziegenstalls herum, als könnte er dort seine verschwundenen Pächter finden. Durch die reifenden Distelköpfe hindurch sah die Katze, wie er aus der Behausung kam und die Türe mit einem Vorhängeschloß sicherte, ehe er wieder auf seinen Wagen kletterte und das Pferd antrieb.

Der Wind wurde schärfer, und die Nächte brachten erste Anzeichen von Frost, als die Katze beschloß, den Pasteckas zu folgen. Sie stand da, wo sie sich an jenem Morgen alle versammelt hatten, starrte in die Richtung ihres Wegzugs und hob die Nase, um ihre Spur aufzufangen. Dann fing sie zu gehen an; sie hielt sich nahe an die Hecke, auf der die Winterbeeren reiften und die Stare über die bevorstehende Reise in den Süden schwatzten. Die Bergkette erstreckte sich vor ihr und tauchte das Land in blaue Schatten. Hin und wieder hielt die Katze, eine Pfote erhoben, inne und sog die Luft ein. Da war kein Geruch von der Familie, aber die Katze baute auf ihren Instinkt, daß dies der richtige Weg war.

Am Tag darauf fing sie ein junges Kaninchen. Zu hungrig, um damit zu spielen, tötete die Katze es mit einem raschen Biß in die Halsschlagader und zog die Beute in ein Versteck zwischen den Büschen. Ohne Hast aß sie das ganze Kaninchen auf und rollte sich, zierlich wie eine Schnecke, in der Astgabel eines Vogelbeerbaums zusammen.

Sie wanderte bei Mondlicht, während der kalte Wind von den Bergen blies und ihr Fell flachdrückte. Aber der Wind brachte auch die erste Spur der Pasteckas, und die Katze hob schnuppernd den Kopf. Das Land wurde rauher, und der Geruch der Pasteckas wurde bald durch beunruhigendere Gerüche abgelöst. Im Bewußtsein, Feindgebiet zu durchqueren, versuchte die Katze die stark riechenden, unsichtbaren Duftspuren, die ihren Weg kreuzten, zu erkennen. Auf jeden Fall war ein Fuchs in der Gegend und auch ein Dachs; dazu kam der scharfe Geruch von

Wiesel und Marder. Es gab noch andere, schwere, durchdringende Gerüche, die der Katze von größeren Tieren erzählten, welche auf warmes Blut und zartes Fleisch Appetit hatten.
Die alten Tage des Tötens und Getötetwerdens, des Fressens und Gefressenwerdens waren wieder da, und sie beeilte sich, um die Schatten und ihre beängstigenden Möglichkeiten hinter sich zu lassen. Dann wurden Bäume und Büsche spärlicher, die Luft dünner, und die Kälte nahm zu. Die Katze hörte auf zu denken; sie wußte nicht mehr, warum sie unterwegs war. Wie eine kleine stumpfsinnige Maschine suchte sie weiter ihren Weg zwischen den Felsblöcken; sie aß wenig und schlief nur selten. Die ersten Schneeflocken fielen, und ein Bussard flog in langsamen, nachdenklichen Kreisen über dem Weg der Katze. Die Katze schlüpfte in eine Felsspalte und wartete, bis der Vogel weg war.
Es dauerte viele Tage, bis der Berg überquert, und nochmals viele Tage, bis die Pastecka-Familie gefunden war. Die ersten Erinnerungen meldeten sich wieder, als die Katze den Holzrauch eines Feuers roch, und beim Anblick von Wäsche, die zum Trocknen über einer Hecke lag. Mit Blasen an den Füßen und durchgewetzten Krallen hinkte die Katze in den schmutzigen kleinen Hof, wo die acht Hühner vor der Haustür standen. Plötzlich unsicher, ob sie willkommen sei, versteckte sich die Katze hinter einem Schubkarren und wartete auf die Nacht.
Dann schlüpfte sie, mager wie ein Schatten, ins Haus, und eine der beiden jüngeren Töchter sah sie und schrie auf vor Staunen, daß die Katze ihnen den ganzen Weg über den Berg gefolgt war.
«Es kann nicht die gleiche sein.»
«Aber es ist die gleiche! Sie hat nur ein Ohr ...»
Das Mädchen fütterte die Katze mit einer Schale Roggenbrot-Brocken in Schaffett. Der Onkel steckte einen Finger in den Mund und kicherte.
Sie fanden die Beharrlichkeit, mit der die Katze ein Mitglied der Familie bleiben wollte, bemerkenswert und sogar ein wenig rührend. Die älteste Tochter dagegen blieb sitzen, die rauhen müden Hände im Schoß, und schaute das Tier mißtrauisch an.

Denn schon verwandelten sich ihre glänzenden Träume von einem besseren Leben jenseits des Berges in Enttäuschung. Es war zwar wärmer, aber es regnete jeden Tag. Die alte Großmutter wurde fiebrig, und die Freude der Familie, nun Nachbarn zu haben, war kurzlebig. Die älteste Tochter hatte eben nicht bedacht, daß auf der anderen Seite des Berges ein Land war, wo man eine andere Sprache sprach und Fremden mißtraute. Man hatte ihnen zwar bedeutet, sie dürften in eine leere Behausung am Dorfrand einziehen, aber niemand zeigte ihnen, wie man hier lebte. Im Gegenteil, jemand warf Steine nach dem Onkel, weil er schwachsinnig war, und die älteste Tochter wurde ausgelacht, weil sie Männerstiefel trug.

Nur ein Mann sprach, zögernd, in ihrer Sprache zu ihnen, und wie die älteste Tochter schien er vom Traum besessen zu sein, anderswo wäre das Leben besser. Mit seinem kleinen, verkniffenen Gesicht unter einer bauchigen Kappe wechselte er manchmal ein paar Worte mit ihr, wenn sie mit gebeugten Schultern vom Brunnen zurückkam, zwei Kessel voll Wasser an einem Holzjoch.

«Es muß doch ein besseres Leben geben, fern von hier. Hier ist der Boden ausgelaugt. Alles verfault in der Feuchtigkeit, und die Regierung hält ihre Versprechungen nicht. Sie hat uns eine Eisenbahn versprochen. Aber der nächste Bahnhof ist noch immer mehr als zwanzig Kilometer entfernt.»

«Ich mache mir nichts aus Eisenbahnen», sagte die älteste Tochter. «Mein größter Wunsch ist, neben der Haustür einen Wasserhahn zu haben.»

«Eisenbahnen sind lebenswichtig», sagte der Mann und schlurfte neben ihr her. «Sie bedeuten Freiheit. Sie bedeuten Reisen in Städte, wo es leichtere Arbeit gibt. In Städten kann man sich seine Arbeit aussuchen. Es gibt Elektrizität, Wasser kommt nur aus Hahnen, und die Frauen» – er blickte auf ihre bloßen roten Beine und ihre Männerstiefel –, «man sagt, die Frauen trügen Seidenstrümpfe.»

«Ich brauche keine Seidenstrümpfe», sagte die älteste Tochter

abwehrend, aber der alte Traum, die alte Sehnsucht nach einem besseren Leben begann sie wieder zu quälen. Sie zerrte an ihren Nerven und verzog ihre Lippen zu einer harten, geraden Linie.
In dieser Nacht, als sie auf der Strohmatratze lag, die sie mit der Großmutter teilte, dachte sie darüber nach, was der Mann gesagt hatte. Die Großmutter zitterte und murmelte in ihren Fieberträumen, und von der anderen Seite des Raums schrie der Vater, sie solle still sein.
In der Stadt gäbe es ein Spital, wo die arme alte Frau entweder genesen oder in Bequemlichkeit sterben konnte. Es gab andere Arbeit als das Beackern der Felder, und man könnte vielleicht für die jüngeren Schwestern Ehemänner finden. Nette Männer, dachte die älteste Tochter, die nicht durch den Kampf ums Überleben auf kargen Feldern brutal geworden waren. Sie selbst wollte keinen Mann, keine Liebe, nur den Respekt ihrer Familie, die sie einem besseren Leben zugeführt hatte.
Ein paar Wochen später traf der Mann, der ihre Sprache sprach, sie wieder und sagte leise und aufgeregt: «Ich war voreilig, als ich schlecht von unserer Regierung sprach. Sie sorgen doch für uns und haben einen Plan ausgearbeitet, wie wir alle in den Städten Arbeit suchen können. Sie werden uns Häuser geben und Arbeitsstellen und Schulen für unsere Kinder ...»
«Wie kommen wir dahin?»
«Mit der Eisenbahn», sagte der Mann frohlockend. «Wir gehen die zwanzig Kilometer zu Fuß und nehmen dann die Bahn. Es ist alles arrangiert.»
«Wieviele gehen?»
«Alle, die ein Hirn im Kopf haben.»
«Es klingt vernünftig. Aber wir dürfen vermutlich nicht mit, weil wir Fremde sind.»
Sein Gesicht verdüsterte sich ein wenig. «Stimmt. Aber ihr könntet ja sagen ...»
«Außerdem haben wir keine Papiere.»
«Vielleicht stellen sie Papiere aus.»
«Wer weiß?» sagte die älteste Tochter mit einem sarkastischen

Lächeln. «Aber ich glaube nicht daran. Soviel Glück haben wir nicht.»

Aber inzwischen war die Katze glücklich. Sie hatte sich unmerklich wieder eingenistet und lag die meiste Zeit zusammengerollt im Schutz der langen wollenen Röcke der Großmutter, während die Müdigkeit langsam aus ihren Gliedern wich und die Blasen an ihren Füßen verheilten. Beide, das Tier und die alte Frau, waren dabei zu gesunden und schienen einander gegenseitig zu ermutigen. Die jüngste Tochter, die kochen mußte, schöpfte manchmal heimlich ein wenig Brot und Suppe in einen zersprungenen Unterteller und setzte ihn neben den Füßen der Grossmutter auf den Boden.
In den Augen der Katze unterschieden sich das alte und das neue Heim nur wenig. Das erste hatte Wände aus Schindeln gehabt, durch die der Wind pfiff und die Schneeflocken wirbelten. Das zweite war aus Stein, durch den ewige Feuchtigkeit drang, die die Wände mit zartgrünem Schimmel überzog. Aber auf dem Herd schlummerte immer noch das Feuer; der Geruch der langsam gekochten bäuerlichen Speisen war der gleiche, und die bald hohen, bald tiefen Stimmen gehörten der Familie Pastecka. In den Augen der Katze gab es an beiden Orten nichts auszusetzen.
Es war schon hoher Winter, als sie einen kleinen Stimmungswechsel bemerkte. Schläfrig hörte sie der Stimme der ältesten Tochter zu; sie war meist leise und monoton, konnte aber plötzlich in scharfes Schelten ausbrechen, wenn jemand sie unterbrach. In Großmutters Rock versteckt, sah die Katze, wie der Vater seine große, schwielige Faust auf den Tisch haute; der Krach machte den Onkel kichern, und die beiden jüngeren Mädchen fuhren erschreckt hoch. Die älteste Tochter fing an, mit über der Brust eng verschränkten Armen auf und ab zu gehen. Die Stimmen wurden lauter und übertönten den schluchzenden Wind und den trommelnden Regen.
Als die Großmutter sich von ihrem Stuhl erhob und zu ihrer Matratzenhälfte ging, war das Feuer erstorben und die Asche

kalt geworden. Es schien nur noch die Stimme der ältesten Tochter zu geben: eindringlich, ermahnend, fordernd. Niemand widersprach ihr mehr, und die Katze in ihrer Ecke war von schmerzhaft düsteren Vorahnungen erfüllt.

Alles war verpackt, die Hühner wieder in ihrem Gitter, der Handkarren beladen. Bei der Tür angebunden, meckerte die Ziege, als versuche sie mit ihrem winzigen Verstand eine Situation von schrecklicher Komplexheit zu erfassen.
Aber die Katze begriff. Tief in ihren Eingeweiden hatte sie das Muster erkannt; das Leerräumen des Hauses, die zuversichtlich warmen Stimmen und das lebhafte Herumwirbeln der zwei jüngeren Töchter, als erwarteten sie etwas besonders Wundervolles. Von ihrem bescheidenen Platz auf dem Boden aus las sie in den Pastecka-Gesichtern Hoffnung auf eine neue Zukunft. Und diesmal war die Katze vorbereitet.
Sie sah, wie der zersprungene Unterteller, den sie so oft mit ihrer Zunge blitzsauber geleckt hatte, in eine Schachtel mit Kleidern und Bettzeug gesteckt wurde.
«Das brauchen wir nicht.»
«Es ist der Katzenteller ...»
«Die Katze kommt nicht mit.»
«Oh, warum?» Die Lebhaftigkeit der Mädchen erhielt einen Dämpfer.
«In Städten hat man keine Katzen, du Närrin. Und außerdem ...»
Und außerdem, dachte die älteste Tochter, bringt die Katze Unglück. Nichts ist gut gegangen, seitdem sie bei uns ist. Ich hasse alle Katzen, und diese besonders.
«Und wenn sie uns wieder nachfolgt?»
«Wie denn, auf einem Zug!»
Die Mädchen machten Anstalten zur Auflehnung, aber die älteste Schwester ballte ihre knochigen Fäuste und sagte: «Nun hört schon endlich auf, euch mit so unwichtigem Zeug herumzuschlagen. Es ist auch so schwer genug, für eine Familie von Menschen

verantwortlich zu sein, ohne daß man um ein unnützes Tier Geschichten macht.»
«Die Katze ist nicht unnütz!»
«Gibt sie Milch oder legt sie Eier?»
Die Mädchen mußten zugeben, daß sie keins von beidem tat.
Ein plötzliches Türklopfen ließ sie auffahren. Es war der Mann, der ihnen vom Plan der Regierung, Leute in die Stadt zu bringen, erzählt hatte, und er sprach in raschem Flüstern zur ältesten Tochter: «Macht euch keine Sorgen wegen der Papiere. Aus diesem Dorf kommen viele, und noch viel mehr Leute werden am Bahnhof warten. Ihr könnt euch ganz leicht daruntermischen.»
Ganz leicht, dachte die älteste Tochter, als der Mann gegangen war. Bei uns geht nie etwas ganz leicht. Laut sagte sie: «Wo ist die Katze? Diesmal darf sie uns nicht folgen.»
Aber die Katze war verschwunden.
Bald darauf brachen sie auf. Die alte Großmutter lehnte sich schwer auf ihren Stock, und der Vater beschimpfte die Ziege, die an ihrer Kette riß. Sie stießen zu den anderen Dorfbewohnern, die in die Stadt gehen wollten, aber sie gingen ein wenig getrennt von ihnen; mit gesenkten Augen, weil sie keine Papiere hatten und die Sprache nicht konnten, setzten sie Fuß vor Fuß. Ganz vorn in der Prozession hörte man Lachen und sogar ein bißchen Gesang, es klang fast unheimlich im Wind. Dünner, harter Schnee begann wie ein Hagel geschleuderter Kieselsteine die gebeugten Menschen weiß zu überziehen. Vater Pastecka näherte seine zersprungenen Lippen dem Kopftuch seiner Tochter und sagte: «Hoffentlich hast du diesmal recht. Das letztemal hast du dich getäuscht.»
«Wenn wir von dir abhingen», antwortete sie, «wären wir schon lang verhungert.»
Sie kamen zum Bahnhof, als die Nacht einbrach, und viele ließen Laute der Bewunderung hören, als sie die gewaltige Maschine sahen, die zischte und keuchte und Wolken weißen Dampfes über die Wagen trieb.

Wie der Mann vorausgesagt hatte, gab es für die Pasteckas wegen der fehlenden Papiere keine Schwierigkeiten. Es war bloß schwierig, beisammenzubleiben in der schiebenden und stoßenden Menge, die fluchend versuchte, ihre lebenden Tiere, ihr Bettzeug, heulende Babys und plappernde Alte in die Wagen hineinzubekommen. Die Regierung hatte dort die Bänke entfernt, um Platz zu schaffen für den glücklichen Strom von Haushaltgütern, und die Pasteckas waren dankbar für den strohbedeckten Boden, wo ihre wohlbehütete Ziege mit einem fremden Schwein zusammenlag.
Jubel erhob sich, als der Zug erstmals mit einem Ruck anzog, und die älteste Pastecka-Tochter verkrampfte ihre harten, kalten Hände ineinander und dachte: Die Stadt – die Stadt! Helle Lichter und fließendes Wasser. Ein warmes Haus für uns und ein trockener Keller für die Tiere ...
Die Nacht verlief in Zufriedenheit; alle schwankten im Takt zum faszinierenden Tedumtedum-Rhythmus des Zugs. Die Pastecka-Familie schlief Rücken an Rücken auf dem Boden sitzend, das Kinn auf den Knien, und eine Stunde vor Tagesanbruch kroch die Katze aus dem Heubündel, in dem sie sich versteckt hatte.
Sie streckte ihre Glieder, erschnupperte den scharfen Geruch hausgemachter Wurst und aß davon, indem sie die Scheiben säuberlich aus den beiden Brotbrocken herauszog, während der Besitzer schlief. Zufrieden kroch sie in ihr Versteck zurück.
Die älteste Tochter erwachte, rieb ihren steifen Nacken und zog wegen des fauligen Geruchs die Nase kraus. Die Regierung war so vernünftig gewesen, die Fenster zu vernageln, damit die Wärme besser beisammenblieb; durch die Spalten sickerte nur wenig Licht. Sie saß ganz ruhig, schaute rund um sich herum die vermummten Gestalten an und dachte, jeder Stoß, jedes Rattern, jedes Tedum bringe sie der Stadt näher.
Dann sah sie in der Düsternis, daß der Heusack sich bewegte. Überzeugt, eine Ratte habe sich ins Ziegenfutter geschlichen, verengte sie die Augen, und als ein kurz aufflackernder Mondstrahl das schwarz-weiße Gesicht der Katze zeigte, die vorsichtig

herauskroch, war die Tochter erst ungläubig, dann von rasender Wut erfüllt.
Sie schnappte nach der Katze, verfehlte sie, grabschte wieder, und die Katze stieß einen Schrei aus, der die alte Großmutter im Schlaf aufstöhnen ließ. Die älteste Tochter erhob sich steif von ihrem Platz, die Hand ins Nackenfell der Katze gekrallt, und stolperte zum Fenster.
Mit ihrer freien Hand riß sie an den Brettern, versuchte sie zu lösen. Sie hielten fest. Keuchend schlug sie mit der Faust gegen eine Stelle, wo blasses Licht sichtbar war. Sie spie Flüche aus, als sich ihr Hirn mit Vorstellungen von Unglück füllte. Kälte, Hunger, unaufhörliche Arbeit ohne Lohn. Und die Katze, die verkörperte Bosheit, war die Ursache von alledem. Nichts war richtig gelaufen, seitdem sie zum erstenmal über die Schwelle gekrochen war.
Ihre hämmernde Faust zersplitterte das Holz, und mit blutbefleckten Fingern konnte sie ein Stück herausbrechen. Als wüßte die Katze, was ihr bevorstand, schrie sie und versuchte, ihren hängenden Körper aufwärts gegen den Arm der Tochter zu schnellen. Sie hob die Katze mit beiden Händen hoch, hielt sie am Hals, als wolle sie sie erwürgen, und einen verzweifelten Augenblick lang starrten sie und die Katze einander in die dunkel glitzernden Augen. Dann stieß sie das Tier abrupt in die Lücke im Brett, schob und schlug und riß die Krallen von ihrem Ärmel. Als die Katze verschwunden war, verspürte sie eine plötzliche Leere.
Sie blieb ein Weilchen an ihrer Fensterlücke, sog den beißenden Ostwind ein und ließ ihn Kälte auf ihr Gesicht, ihre Wut, ihre Furcht blasen. Der Rhythmus des Zuges verlangsamte sich zu einem sanften Diddle-di-diddle-dididdel, und mit einem von der Kälte verdüsterten Auge konnte sie die ersten blendend weißen Lichter der Stadt ausmachen.
Ihr Herz schlug nun nicht mehr so aufgeregt, und sie ging an ihren Platz auf dem Boden zurück, über die ausgestreckten Beine des Vaters stolpernd. Überall erwachten jetzt die Leute, und

weiter hinten im Zug krähte ein Hahn mit plötzlicher wunderbarer Zuversicht.
«Wie lange noch?» Der Vater fuhr mit der Hand über sein bärtiges Kinn.
«Wir sind fast da!» rief sie fröhlich. «Ich habe schon die hellen Lichter gesehen.»
Der Mond verblaßte, das Tageslicht wurde stärker. Grau verwandelte sich in eisiges Blau, aber die Lichter der Stadt starrten unverändert hart und weiß. Sie beleuchteten die langen, niedrigen Baracken und die hohen Wachtürme, den riesigen Kamin und den Stacheldraht.
Ein paar Kilometer zurück schüttelte sich die Katze von den letzten Nebeln der Gehirnerschütterung frei. Sie starrte in die Richtung des Zugs, mit suchend erhobenem Kopf in die Ferne witternd. Dann drehte sie sich, angewidert vom Schlachthausgestank, um und trat den langen Heimweg an.

6 Die Planetenkatze

Mark Ronson

«Ich kann es einfach nicht glauben», sagte der Kommandant des NASA-Raumschiffs Pionier II, *als er den Fuß auf den neuen Planeten setzte, um dort die Fahne der USA aufzupflanzen.*
Pionier II *war auf einer glatten, sandigen Ebene gelandet, deren Horizont von majestätischen Schneegipfeln zerrissen war. Aber es war nicht die Landschaft, die die kleine Gruppe von Erdenmenschen erstaunte, sondern die Tatsache, daß sie sich auf einer breiten Allee befanden, gesäumt von gigantischen Steinstatuen mit seltsam vertrauten Umrissen.*
«Es können doch keine sein», sagte die hübsche Verbindungsoffizierin.
«Oh, doch, es sind welche», sagte der Biologe der Expedition. «Es sind tatsächlich Katzen.»

Das Shuttle legte perfekt an den Starclipper an, der friedlich in der Umlaufbahn hing, in der er gebaut worden war. Die Mannschaft schritt durch die Luftschleuse; ein jeder trug die einzige Tasche mit persönlichen Habseligkeiten, die die NASA zuließ. Sie enthielten Videodiscs der Familie, Mikrobücher und seltsam rührende Andenken wie eine Haarlocke, eine gepreßte Blume oder, in einem Fall, ein Säcklein voll Sand von Bondi Beach – sentimentale Gegenstände, die während der Reise zum Rand des Sonnensystems Erinnerungen wachrufen sollten.
Als sich die kreisrunde Tür zischend hinter ihnen schloß, zuckten einige Gesichter. Wieviel Erdenzeit würde vergehen, bevor sie sich wieder öffnete?
Im klinisch sauberen Empfangsraum, dessen Wände mit Not-Raumanzügen vollhingen wie mit mumifizierten Tauchern, befahl ein Lautsprecher der Mannschaft, sich in der Messe zu versammeln.

«Jetzt geht's los», sagte Dr. Pamela Byrd, die Psycho-Ärztin des Schiffs. «Endlich stehen wir dem Rätsel gegenüber.»

Die andern grinsten etwas schief. Während ihres Trainings im Space Centre war viel von der Verschrobenheit des Captains die Rede gewesen. Einige behaupteten, er habe in einer Krise tatsächlich gebetet, andere meinten, seine Ansichten über Disziplin hätten Captain Bligh alle Ehre gemacht, und undeutlichere Geschichten wußten von körperlichen Absonderlichkeiten. Eine besonders infame besagte, er sei zum Teil ein Androide, der als einziger die Explosion der unglückseligen Marslandung überlebt habe.

Obschon die Mannschaft den Clipper noch nie betreten hatte, war er ihnen vertraut, denn ihr Training im Space Centre hatte in einer genauen Kopie stattgefunden. Ohne Zögern gingen sie einen Gang hinunter, der für den Fall, daß das schwerkrafterzeugende System ausfallen sollte, dick ausgepolstert war, und in die Messe. Der Tisch in der Mitte trug Gläser und vom Eisschrank her beschlagene Champagnerflaschen. An seinem Kopfende stand ein untersetzter, silberbärtiger Mann in einer blauen Tuchjacke mit Messingknöpfen, wie sie viktorianische Kapitäne getragen hatten.

Was die Mannschaft jedoch in stummes Staunen versetzte, war nicht sein faltenreiches Gesicht – farblos seit jener radioaktiven Katastrophe auf dem Mars –, sondern die kleine schwarze Katze auf seiner Schulter.

Snow Ryan, der australische Hydroponiker, zwinkerte Pamela Byrd zu und flüsterte: «Also stimmt es, daß der Captain aus dem Irrenhaus entflohen ist. Ich wette, er hält sie für einen Papagei.»

Mit blutleerer Grimasse, die anstelle eines Lächelns stand, schaute der Mann am Tisch seine zwölf Mannschaftsmitglieder eine lange Minute lang an und sagte dann: «Ich bin Captain John Hellyer und heiße Sie mit Freude an Bord der *Pionier* willkommen. Es tut mir leid, daß wir uns nicht vorher kennenlernen konnten, aber es war wichtig, daß ich beim Bau des Schiffs dabei war. Ich kenne Sie aber aus Ihren Dossiers, und wir werden uns in künftigen Wachen näherkommen.» Plötzlich wandte er sich an Pamela. «Haben Sie Ihren Golfsimulator aufladen lassen, Frau Doktor?»

«Ja, danke, Captain. Ich will an einem Amateur-Damengolfturnier teilnehmen, wenn wir zurückkommen.»

«Als mein Großvater Schiffskapitän war – und vor ihm sein Vater –, war es Brauch, mit sirupdickem Rum miteinander anzustoßen», fuhr Hellyer fort. «Aber die Zeiten ändern sich. Die Hälfte meiner Leute gehört dem einstmals als schwach bezeichneten Geschlecht an, und so hielt ich Champagner für angebrachter. Öffnen wir ihn und stoßen wir an.»

Champagnerkorken prallten an die Decke, aber die Augen der Mannschaft hingen nach wie vor an dem Kater auf des Captains Schulter. Er saß so sicher dort oben, daß man annehmen mußte, er habe diesen Standort gekannt, seitdem er ein Kätzchen war.

«Ich möchte einen Toast auf den Starclipper ausbringen, das schönste und raffinierteste Stück Technik, das die Menschheit je geschaffen hat», sagte Hellyer. «Im letzten Jahrhundert waren die grösste technische Errungenschaft der Menschheit die hölzernen Clipper-Schiffe mit so graziösen Umrissen, daß sie die Ozeane wie wilde Vögel überquerten. Die *Lightning* legte oft über vierhundert Seemeilen im Tag zurück, und das Schiff meines Urgroßvaters, das zufällig *Pionier* hieß, segelte einmal von Schanghai nach London in hundert Tagen. Seit damals hat die Technik enorme Sprünge gemacht, und es ist unser Privileg, der letzten Verkörperung dieses Fortschritts zu dienen. Auf *Pionier*!»

Gläser erklangen, und der Kater schaute die Mannschaft aus verengten Augen an. Es folgte ein verlegenes Schweigen. Der Captain fühlte es und sagte: «Füllen Sie Ihre Gläser und folgen Sie mir.»

Sie taten wie geheißen, schauten einander an und hoben die Augenbrauen.

Hellyer schritt zur Brücke hinauf. Sie lag unter einer durchsichtigen Glaskuppel und erlaubte der Mannschaft den atemberaubenden Ausblick auf die blaugrüne Erde, die über ihnen schwebte.

Als ihre Augen sich dem Erdenlicht angepaßt hatten, schauten sie neugierig um sich. Die Brücke – man nannte sie Manhattan Skyline wegen der vielen mit Warnlichtern versehenen Apparate auf beiden Seiten – sah genau so wie die Replik im Space Centre aus; nur eines war anders. Statt der üblichen Navigations-Konsole war da ein altmodisches Schiffssteuerrad aus Messing und Teakholz.

«Es war mein Wunsch, die Handkontrolle in Form dieses Steuerrads zu haben, das vom Clipper meines Urgroßvaters stammt», erklärte der Captain. «Ich ziehe das Gefühl von echtem Holz dem von Plastikknöpfen vor. Frau Doktor, Sie sehen aus, als ob Sie etwas fragen möchten.»

«Ja. Mm – ist das eine richtige Katze auf Ihrer Schulter?»

Er nickte.

«Aber, Captain ... Ich glaube, Artikel 127d des Spaceclipper-Reglements – äh – untersagt ...»

«... das Mitnehmen nichtautorisierter Tiere in den Raum», ergänzte Hellyer. «Sie haben recht, Frau Doktor. Allerdings handelt es sich um Artikel 127g.»

Schweigen unter der Glaskuppel.

«Das ist es, was ich glaubte», sagte Pamela schließlich.

Der Captain schaute mit beinahe träumendem Ausdruck an ihr vorbei.

«Die Schiffskatze auf dem Clipper meines Urgroßvaters hieß Tico», sagte er. «Die Mannschaft war überzeugt, sie bringe ihnen Glück.»

«Also hat dieser kleine Kerl den gleichen Namen», sagte der Elektronik-Ingenieur William Davidson. «Es muß ein rechtes Kunststück gewesen sein, ihn an Bord zu schmuggeln.»

Als fühle er den aufwallenden Zorn des Captains, sprang Tico von dessen Schulter auf einen altmodischen ledernen Pilotensitz.

«Mr. Davidson, lassen Sie sich sagen, daß ich niemals die Verletzung des Reglements an Bord meines – an Bord eines NASA-Raumschiffs zulassen würde», sagte Hellyer mit strenger

Stimme. «Wenn Sie die Mannschaftsliste kontrollieren, finden Sie Ticos Namen darin; er ist ein legales Mannschaftsmitglied im Rang eines Leutnants.»
Hellyers Totenkopfgesicht entspannte sich, als er hinzufügte: «Er hat auch das Recht auf spezielle Mahlzeiten.»
«Aber steht in der Liste, daß Tico ein Kater ist?» war jemand kühn genug zu fragen.
«Seltsamerweise haben die Bürokraten, die unsere Dokumente begutachteten, nie daran gedacht zu fragen, welcher Spezies die Mannschaftsmitglieder angehörten.»
Man lachte, einige klatschten, und für einen Augenblick war das Eis gebrochen. Mehrere Mannschaftsmitglieder bildeten einen bewundernden Kreis um Tico. Eine Hand streichelte sein Fell, das wie geöltes Ebenholz glänzte; ein Finger kitzelte ihn am Ohr, und er antwortete mit mächtigem Schnurren.
Die Aufmerksamkeit wandte sich von ihm ab, als die Stimme des Shuttle-Kommandanten aus dem Lautsprechersystem knirschte.
«Ersuche um Erlaubnis, die Luftschleuse zu versiegeln und abzusetzen.»
«Erlaubnis erteilt», antwortete Hellyer.
«Danke. Und viel Glück, *Pionier*.»
Eine Minute später sah die Mannschaft das weiße Dreieck des Shuttle über ihren Köpfen davonfallen.
Es gab ein langes Schweigen, dann sprang Tico auf den Boden und kratzte sich energisch am Ohr.
Aus einer Jackentasche holte Hellyer ein dickes, mit rotem Lack dekoriertes Paket heraus.
«Bevor wir die Segel hissen, ist es meine Pflicht, unsere Befehle zu entsiegeln und Sie über Ihr wahres Ziel zu informieren», sagte er. «Ich verstand Ihre Überraschung, als die NASA ankündigte, wir würden die äußeren Planeten des Sonnensystems – Neptun und Pluto – ansteuern. Das, fürchte ich, war aber eine gezielte Irreführung des Ostblocks, der sich übermäßig für unser Raumprogramm interessiert. Unsere eigentliche Mission ist in diesem Umschlag enthalten.»

Er öffnete ihn und entfaltete ein Blatt Papier; die Crew wartete unruhig und schweigend.
«Unser Ziel ist der uns nächstgelegene Stern Proxima Centauri, der dritthellste Stern von der Erde aus, und nur 4,29 Lichtjahre entfernt. Unser neues weltumkreisendes Teleskop hat entdeckt, daß er ein Planetensystem hat, und einer dieser Planeten ist der Erde ähnlich. Sein Code-Name ist Terra Nova. Unsere Aufgabe wird sein, ihn zu erforschen, um festzustellen, ob er sich für die Besiedlung eignen würde.»
Er hielt inne und schaute die bestürzten Gesichter vor ihm an. Pamela sprach aus, was sie alle bewegte: «Aber wir werden nicht lange genug leben für eine solche Reise.»
Hellyer lächelte, wie es wohl sein Urgroßvater getan hatte, wenn die Warnung «Eis voraus!» erklang.
«Keine Angst», sagte er. «Tico wird erst in mittleren Jahren sein, wenn wir auf dem Planeten landen. *Pionier* ist viel schneller, als wir je öffentlich zugaben. Wir reisen mit dem Solarwind und werden beinahe Lichtgeschwindigkeit erreichen; in ungefähr fünf Erdenjahren sollten wir am Ziel sein.
Sie alle wurden wegen außerordentlicher Qualitäten ausgewählt, und Sie erklärten sich bereit, außergewöhnliche Aufgaben zu übernehmen. Ich bin deshalb sicher, daß Sie sich rasch an den Gedanken dieser Herausforderung gewöhnen werden. Ich werde Sie gebührend instruieren, wenn Sie Ihre Unterkünfte bezogen haben. Aber jetzt starten wir; wir dürfen keine Zeit mehr verlieren.»
Die Crew starrte auf die tausend Meter hohen Titanmasten, die, von der Glaskuppel aus sichtbar, vom Rumpf der *Pionier* wie Schirmspeichen abstanden. Als Hellyers Finger ein paar Kontrollknöpfe berührten, begannen sich die riesigen Segel, die an den Masten befestigt waren, zu entfalten. Das Erdlicht ließ sie silbern erscheinen.
Sie bestanden aus hauchdünnem, zähem Gewebe und hatten die Aufgabe, die gewaltigen Ströme ionisierter Teilchen aufzufangen, die dauernd von der Sonne herströmen und Sonnenwind

genannt werden. Dieses Plasma, das von *Mariner 2* im Jahr 1962 entdeckt worden war, würde Pionier ohne Zusatz-Energie durch den Raum treiben.
Noch bevor sich die Segel gestrafft hatten, sahen die Leute an Bord, wie ihre Heimatwelt außer Sicht glitt; das Schiff wurde lebendig und drehte sich in den Plasmastrom. Statt des schönen Planeten mit seinen Wolkengirlanden sahen sie nun die totale Schwärze des Raums, überspannt von einer Brücke aus zerstoßenem Kristall – Milliarden Pünktchen starren Lichts, die die Milchstraße ausmachten. Die kalte Unendlichkeit ließ sie schweigen. Nur Tico blieb unberührt. Mit erhobenem Schwanz schlenderte er zur Küche. Er wußte, daß dort der Getränkeautomat seine Schale mit der üblichen Ration Synthi-Milch gefüllt hatte.
Hellyers Hände umfaßten die Speichen des großen Steuerrads. «Genau wie die alten Clipper den Wind ausnützten, werden wir den Sonnenwind benutzen. Wenn wir einmal aus dem Sonnensystem heraus sind, wird es Gegenströmungen aus Plasma von anderen Sternen geben, Wirbel und Passatwinde und Flauten, vielleicht kosmische Stürme. Der Mensch wird gegen die Elemente stehen, genau wie auf den alten Clipper-Routen.»
Der Captain drehte das Steuerrad herum, die Segel bauchten sich zwischen den Masten, und der Sonnenwind riß sie aus der Umlaufbahn um die Erde hinaus.

Im Raum gibt es weder Tag noch Nacht. Die Zeit ist etwas Abstraktes, das man mit dem menschlichen Herzschlag oder den tanzenden Zahlen auf den Schiffschronometern mißt. Die Crew der *Pionier* richtete ihr Leben nach den Erdenstunden ein, die sie für allerlei Beschäftigungen aufwendeten – die Wachen, während deren der Lauf des Schiffs beobachtet wurde, das Durchführen von Routine-Experimenten, Tanz in der zu einer Disco verwandelten Messe, und stille Stunden, in denen man für sich alte Briefe las oder neue Liebesverhältnisse anknüpfte.
Aber als die Digitalchronometer immer bedeutungsloser wurden, verlor die Mannschaft allmählich ihren Schwung. Liebesge-

schichten litten unter dem schrecklichen Bewußtsein, daß man einer gefühlsbeladenen Situation keinen Augenblick lang entweichen konnte. Die Disco-Lichter flackerten in leerem Raum, und selbst die Tonbänder mit klassischer Musik wurden schal, weil man jeden Ton kannte.

Nur zwei Wesen waren von der kriechenden Unlust unberührt: Tico und sein Kapitän. Das Mißvergnügen der Mannschaft richtete sich nun gegen den alten Mann, der allein auf der Brücke aß und sie nur verließ, um seine Leute bei ihren gelangweilten Verrichtungen zu kontrollieren.

Als *Pionier,* getragen von beständigen Sonnenwinden, eine Million Lichtminuten von der Erde entfernt dahinglitt, lag Snow Ryan auf der Untersuchungscouch in Pamela Byrds Praxis und unterzog sich einem routinemäßigen Gesundheits-Checkup.

«Alles gut, körperlich», sagte sie. «Es liegt wohl an deinen hydroponischen Kulturen, daß wir alle so fit sind. Ist von dir aus alles o.k.?»

«Alles o.k. Bloß daß ich ein wenig verwirrt bin, weil ich nicht weiß, ob ich eigentlich auf einem Raumschiff oder einem verdammten Tee-Clipper bin», sagte er. «Wann immer ich den Captain sehe, bricht mir der Schweiß aus, weil ich vielleicht das Deck nicht genügend geschrubbt habe. Unter Captain Ahab zu dienen, ist wirklich das Letzte. Und wenn mir auf erst halbem Weg so zumute ist, werde ich den Verstand verlieren, bis wir wieder in die Umlaufbahn der Erde kommen.»

«Wieso glaubst du, daß wir das je tun werden?» erklang eine sarkastische Stimme, als Wilbur Mantell, der Archivar, hereinschlenderte.

«Meine Praxis ist privat, und ich habe einen Patienten hier», sagte Pamela scharf. «Außerdem geht mir deine ewige Unkerei auf die Nerven.»

«Was für eine Unkerei?» fragte Snow.

«Ganz einfach, mein australischer Freund», sagte Wilbur. «Hast du je daran gedacht, daß wir bei der Hinreise den Sonnenwind im Rücken haben, er aber bei der Rückreise gegen uns sein wird?

Wir haben nicht annähernd genug Treibstoff, um Hilfsmotoren einzusetzen, und so ist ganz klar, daß wir, ob wir wollen oder nicht, zu den ersten Siedlern auf Terra Nova gehören werden. Wir werden benutzt, um die Kolonialrechte für die Freie Welt zu sichern. Wir sind gleichviel Männer und Frauen; für eine folgende Generation kann also gesorgt werden.»

«Du machst wohl Witze!»

Wilbur zuckte die Achseln.

«Du wirst es ja selber sehen, mein Freund.» Er wandte sich zu Pamela. «Was mich angeht, Frau Doktor: Ich würde ganz gerne mein Zelt mit dir teilen ...»

«Bääh!» sagte Pamela.

Ein lautes Miau zauberte ein Lächeln auf ihr Gesicht. «Hallo, Tico», sagte sie.

«Manchmal wünschte ich, Tico wäre der Kapitän», murrte Wilbur. «Ich hab die Nase voll von Hellyers malerischer Exzentrizität ...»

«Sowas zu sagen, ist gefährlich», sagte Snow grinsend. «Wenn du nicht aufpaßt, wirst du kielgeholt oder auf einem Asteroiden ausgesetzt.»

«Ach wirklich? Vielleicht kommt es auch zu einer Meuterei, und er ist es, der mit einem Faß voll Wasser und einem Sextanten in den Raum hinausgestoßen wird!»

Den schnurrenden Tico auf dem Arm, betrat Pamela die Brücke. Im Sternenlicht sah sie Hellyer aufrecht hinter seinem Steuerrad, seine Augen auf die Umrisse der Segel gerichtet.

«Ein guter Wind, Kapitän?»

Er lächelte. Sie war das einzige Besatzungsmitglied, in dessen Gegenwart er sich entspannt fühlte.

«Fangen Sie nicht auch noch an. Ein Original ist genug auf diesem Clipper.»

«Die meisten finden, es sei mehr als genug», sagte sie. «Die allgemeine Moral ist gefährlich tief.»

«Natürlich.» Hellyers Handbewegung war ungeduldig. «Frau

Doktor, Sie sind auf diesem Schiff, weil Sie sowohl Psychiaterin wie Medizinerin sind. Sie verstehen bestimmt ...»

«Es steht mir kaum zu, meinen Kapitän zu analysieren, aber mir scheint doch, daß Sie, wie andere Leute mit höchster Verantwortung, eine Identitätskrise haben ...»

«Wir sprechen nicht von mir», sagte er kurzangebunden. «Oh, es wird sich schon alles finden.»

«Bald, hoffe ich, oder wir sterben alle vor Langeweile, ehe wir den halben Weg zurückgelegt haben.»

«Braucht ihr Aufregung – ein Drama an Bord des Schiffs?»

«Das könnte helfen.»

«In diesem Fall, meine Dame, schalten Sie mal Monitor Nr. 5 ein. Da gibt es ein Drama.»

Der große Fernsehschirm erhellte sich, und vor dem Hintergrund weit entfernter Sternbilder wurde ein Bild deutlich. Es war ein Schiff, *Pionier* ähnlich, nur hatte es anstelle eines Gürtels von Segeln dreieckige, die in verschiedenen Winkeln auf den Rumpf aufgesetzt waren.

«Was in aller Welt ist das?»

«Das, meine Liebe, ist ein Computerbild, zusammengestellt aus Informationen, die unsere Späh-Einheiten liefern», sagte Hellyer ernst. «Es ist ein Sternclipper des Ostblocks auf dem Weg nach Proxima Centauri. Er steht jetzt etwa dreißig Lichtsekunden hinter uns. Mit anderen Worten: Das Wettrennen um Terra Nova hat begonnen.»

«Ich verstehe nicht.»

«Der Ostblock hat einen Sternclipper gebaut, der dem unseren so gleicht, wie ihr Überschall-Passagierflugzeug unserer Concorde glich. Bei einem so gewaltigen Projekt wie der Konstruktion der *Pionier* muß es wenigstens einen Verräter gegeben haben, der imstande war, Spezifikationen weiterzugeben. Übrigens überrascht mich dieser Konkurrent nicht – im Space Centre hatte man mich vor einer solchen Möglichkeit gewarnt.»

«Aber was bedeutet das für uns?»

«Daß wir Terra Nova vor ihnen erreichen müssen, und das heißt, daß wir die Reservesegel setzen müssen.»
Seine Augen blitzten vor Begeisterung, und seine Knöchel wurden weiß, als er die Speichen des großen Rades packte. Zum erstenmal hörte Pamela ihn lachen; das klang so unerwartet, daß Tico mit einem kleinen Überraschungslaut floh.

Der Elektronik-Ingenieur William Davidson lag auf seiner Koje und betrachtete düster die schaumgummigepolsterte Kojendecke. Er hatte seine Schostakowitsch-Bänder so oft abgespielt, daß er sogar die kaum mehr hören konnte, und die Videos aus der Schiffsbibliothek langweilten ihn mit ihrer kindischen Unterhaltung, die jeder Gesellschaftskritik entbehrte. Aber wenn er mit den anderen im Salon saß, heuchelte er eine solche Begeisterung für Videos, in denen Kolonialisten Indianern Land wegnahmen, daß man ihn scherzhaft «Cowboy» nannte. Seine Kameraden wären erstaunt gewesen, den Mann hinter der Maske zu kennen. Aber sie ahnten von seinen Ansichten über die kapitalistische Gesellschaft ebensowenig wie die verschiedenen Kommissionen, die seine Eignung zur Arbeit im Raum beurteilt hatten. Niemand wußte von seinen Kontakten mit Vertretern des Ostblocks, wenn er im Ausland Urlaub machte, noch von der Aufgabe, mit der sie ihn betraut hatten.
Im Glauben, die NASA werde als erste ein bemanntes Fahrzeug über das Sonnensystem hinaus schicken, hatte man ihn als Maulwurf angeworben; handeln würde er aber erst, wenn dies zum Schutz der Ostblock-Pläne im äußeren Weltraum notwendig wurde. Früher oder später käme seine Zeit, aber das Warten ... Warten, während er versuchte, sich genau so töricht zu benehmen wie der Rest der Mannschaft, und sich einem verrückten, von Phantasien besessenen Diktator zu unterziehen. Er glaubte, in einem demokratischen Ostblock-Raumschiff würde ein Rat von Raumarbeitern kollektive Entscheidungen treffen.
Wenigstens gelang es ihm, allmählich die Mannschaft aufzuwiegeln. Er kritisierte Hellyer nie offen, aber er sagte genug, um den

Samen der Unzufriedenheit zu säen, besonders bei Wilbur Mantell, den er vielleicht bis zur Meuterei treiben konnte.
Als er aufschaute, fluchte er. Tico schnüffelte in seiner Kabine herum. Tico erinnerte Davidson an Hellyer und alles, was mit ihm zusammenhing. Er hob sein seltenes gedrucktes Buch, «Der Fall des Westens», und wollte es nach der Katze schleudern, als die Alarmglocke schrillte.

Hellyer stand am Steuerrad unter der Glaskuppel der Brücke, eine unbewegliche Silhouette vor dem galaktischen Sternenstaub. Er seufzte und fühlte sich alt und sehr einsam.
Er hatte seine Kameraden früherer Expeditionen überlebt; damals waren sie wie junge Argonauten unter den unheimlichen Ringen Saturns gesegelt und hatten über den brodelnden Wolken der Venus gekreuzt. Jetzt bestand zwischen ihm und seiner Crew nicht nur eine Generationenlücke; vielmehr waren diese jungen Leute auch so trainiert worden, daß sie ihre Pflichten ohne Begriffe wie «Abenteuer» und «Romantik» erfüllten.
Er seufzte nochmals, als er an die Instruktionssitzungen mit Psychologen dachte, die das *Pionier*-Programm planten. Als guter Offizier war er dem Plan bis ins kleinste Detail gefolgt. Aber er wußte, er war überholt, ein Relikt aus farbigeren Zeiten – der alte Seemann, der sein Schiff durch die Sterne führte. Er wandte sich zu Tico, der seine Pfoten sauberleckte.
«Du und ich, Tico», sagte er, ohne recht zu wissen, wie er das meinte.
Es war Zeit. Er trat zu einem Armaturenbrett und drückte auf den Knopf, der Pionier mit Glockenschrillen erfüllte. Über Mikrophon erteilte er den kurzen Befehl, die ganze Mannschaft habe sich auf der Brücke zu versammeln.
Lange schaute der Kapitän seine Crew an; seine verblichenen Augen wanderten langsam von Gesicht zu Gesicht.
«Ich höre, daß hier gemurrt wird», sagte er mit leiser Stimme. «Ich höre, daß Sie mit der Reise unzufrieden sind. Ist das so, Mr. Ryan?»

«Nun, Sir, niemand von uns erwartete einen so langen Einsatz», antwortete der Australier. «Wir waren wohl nicht darauf vorbereitet, und wir sind noch immer mehr als zwei Lichtjahre von Terra Nova entfernt, und, na ja ...» Seine Stimme erstarb.

«Zur Zeit meines Urgroßvaters gab es Zeiten, da die Segel der großen Clipper in den Kalmen schlaffhingen», sagte Hellyer. «Zeiten, da die See so still lag wie ein Gemälde und die Sonne der Mannschaft die Haut wegbrannte, während sie auf den ersten Seufzer lauerte, der einer Brise vorausging ...»

«Bei allem Respekt, Sir», sagte Wilbur Mantell, «wir haben nicht auf einem Clipper angeheuert.»

«Bei allem Respekt, Mr. Mantell», gab der Kapitän zurück. «Sie haben auf einem Schiff angeheuert, und es spielt keine Rolle, ob der Wind ein Meeres- oder ein Sonnenwind ist. Ihr habt auf eine Reise ins Ungewisse angeheuert, eine Reise, die Sie mit Leif Ericsson, Kolumbus und Captain Cook in die Geschichte eingehen lassen wird. Sie können nichts tun, um die Lage zu ändern. Warum machen Sie also nicht das beste daraus?»

Er legte eine dramatische Pause ein.

«Das hier wird Ihre Lethargie vertreiben.»

Er schaltete den Monitor ein, und die Crew sah den Sternclipper mit den Dreiecks-Segeln.

Als Hellyer das Wettrennen zwischen der Freien Welt und dem Ostblock erklärte, das der Kolonisation des Raums galt, spürte er mit Befriedigung die wachsende Aufregung seiner Mannschaft. Fragen prasselten auf ihn nieder, wie schnell der Verfolger sei und welches seine technische Ausrüstung. Der Feind wurde verwünscht, der ihnen ihren Erfolg wegnehmen und Terra Nova als Basis benutzen wollte, um im All seine unmenschliche Weltanschauung zu verbreiten.

Als die Fragen alle beantwortet waren, standen sie noch immer, hypnotisiert vom Bild des Ostblockclippers. Wilbur Mantell fragte: «Was können wir tun, Sir?»

«Wir werden den Mast verlängern und Reservesegel setzen, damit uns der Sonnenwind eine höhere Geschwindigkeit ver-

leiht. Ihr habt alle gelernt, für den Fall von Meteoritenschäden Segel zu ersetzen; wir tun jetzt etwas Ähnliches.»
Sie fingen an, über diesen Unterbruch der Routine zu strahlen. In Raumanzügen aus dem Schiff herauszukommen, körperlich an den Masten zu arbeiten und vor allem die Herausforderung des Verfolgers zu fühlen – das war genau, was sie brauchten.
«Ingenieur Davidson, Sie bleiben auf der Brücke und kontrollieren die Verlängerung der Maste», sagte Hellyer. «Die übrigen legen Raumanzüge an und versammeln sich bei Mast Nr. 1 mit den Reservesegeln.»
Sie faßten, um Glück zu haben, den schwarzen Tico an und machten sich hochgemut an die Arbeit.
Nach einer Erdenstunde sah Captain Hellyer sie den Mast emporschwärmen, der direkt vor der Glaskuppel der Brücke emporragte. Eine dicke, aber gewichtlose Rolle von Segeltuch schwebte hinter ihnen, an einer Leine festgemacht.
Hinter dem Kapitän saß William Davidson am Kontrollpult, das den Mechanismus der Masten beherrschte und die Verlängerungen für die Reservesegel in Gang setzen würde. Eine Reihe roter Knöpfe glühte wie Rubinen: es waren die Vernichtungsknöpfe – für jeden Mast einer –, die es zum Beispiel im Fall eines Meteoriteneinschlags möglich machten, Ballast abzustoßen.
«Sir, wir sind bereit, die Segel festzumachen», kam die Stimme Snow Ryans über Funk.
«Ausgezeichnet. Sobald ihr es festgemacht habt, verlängern wir den Mast.»
Den Kopf halsbrecherisch weit nach hinten gelegt, schaute Hellyer zu, wie das Segelgewebe von winzigen Silberfiguren, die um die Mastspitze herumschwebten, entrollt wurde.
Davidsons trockene Zunge glitt über seine trockenen Lippen. Nie wieder böte sich eine solche Gelegenheit, seiner Sache zu dienen. Um jeden Preis mußte der Ostblockclipper Terra Nova als erster erreichen.
Er holte tief Atem und fand die Tat viel leichter, als er erwartet hatte. Als sein Finger den Vernichtungsknopf Nr. 1 drückte,

erleuchtete eine stumme Explosion kurz die Brücke, und der abgetrennte Mast, mit großen Schatten zerrissener Segel, schwebte vom Rumpf weg. Mit ihm verschwand ein Karussell glitzernder Puppen, die am Ende ihrer Sicherheitsleinen wirbelten. Ihre Rufe der Bestürzung, ihre Schreie füllten die Glaskuppel.

Hellyer drehte sich um und blickte in die Mündung der einfachen Pistole, die Davidson in der Werkstatt genau für einen solchen Fall angefertigt hatte.

«Meuterei, zum Teufel!» schrie der Kapitän und stürzte sich auf den Ingenieur. Davidson schoß, und die Kugel schlug in die Brust Hellyers und warf ihn gegen das Steuerrad. Pulvergeruch erfüllte die Brücke und machte Tico niesen. Wie ein Mann in einem Zeitlupenfilm griff Hellyer nach dem Steuerrad, und als es sich unter seinem Gewicht drehte, sank er zu Boden.

Davidson schaltete das Lautsprechersystem ab, und gnädiges Schweigen senkte sich über das Schreien der sterbenden Mannschaft. Einen Augenblick lang schaute er hoch und sah, daß der Mast und die ihn umkreisenden Marionetten hinter dem Starclipper zurückfielen.

«Warum?» keuchte Hellyer.

«Das kapitalistische System hat genug Schaden auf der Erde angerichtet, ohne daß es noch neofeudale Staaten in den Sternen schaffen müsste», sagte Davidson. «Ich habe meine Pflicht gegenüber der Menschheit erfüllt.»

«Und Ihre Kameraden ermordet.»

«Das war es wert, damit der Ostblockclipper den neuen Planeten zuerst erreicht. Ich werde zu ihm stoßen und dann *Pionier* ohne Segel driften lassen. Bis Space Centre von ihrem Verlust weiß, wird unsere Flagge auf Terra Nova wehen.»

Er schaute wieder auf und sah, daß die Masttrümmer nun nicht mehr in Sicht waren.

Ein schrecklicher Laut kam vom sterbenden Kapitän. Davidson glaubte zuerst, es sei das Todesröcheln, begriff dann aber, daß Hellyer lachte.

«Was ist, Alter?» fragte er erschreckt. Vom Pilotenstuhl beobachtete sie Tico mit wachen Augen, dann sprang er hinunter und rieb sich an Hellyers Arm. Automatisch strichen seine elfenbeinweißen Finger über das glatte Fell.
«Leutnant Tico, du übernimmst den Befehl», murmelte er.
«Ich wußte immer, daß Sie verrückt sind», schrie Davidson.
Hellyers Lachen erstarb. Schauer liefen über seinen Körper.
«Hören Sie», keuchte er. «Ich muß es Ihnen sagen, solang ich kann. Es gibt keinen Ostblock-Sternclipper ... Sie haben nicht begriffen, daß diese ganze Reise programmiert war ... Ich war bloß ein schrulliges Original, mit dem sich die Mannschaft identifizieren konnte – eine Zielscheibe für ihre Frustration. Menschen lassen sich auf langen Reisen nicht gern von Computern befehlen ...»
Schweiß trat auf Davidsons Stirne.
«Wie meinen Sie das?»
«Der sogenannte Ostblock-Sternclipper war eine Fiktion – nichts weiter als ein Videobild, programmiert, um zu dieser Zeit zu erscheinen und der Mannschaft über die Langeweile auf halbem Weg hinwegzuhelfen, um ihre Begeisterung für unser Projekt neu zu beleben ... Flugunterhaltung, könnte man es nennen.»
Wieder das entsetzliche Kichern.
«Und selbst ohne mich und ohne die Mannschaft wird *Pionier* auf Terra Nova landen ...»
«Nicht mit mir an Bord!» schrie Davidson. Er ergriff die Speichen des Steuerrads und drehte es.
«Niemand kann den Kurs verändern», flüsterte Hellyer. «Dieses Rad ist echt – wie mein Urgroßvater –, aber hier ist es bloß Staffage.»

Lange nach Captain Hellyers Tod kauerte Davidson im Pilotensitz. In ihm wüteten Zorn und Verzweiflung. Er hatte für sein Ideal gemordet, und nun hatte es sich herausgestellt, daß er lediglich seine eigene Vernichtung bewerkstelligt hatte. Er würde weder auf die Erde zurückkehren können noch jemals erleben,

wie auf dem Boden der neuen Welt die Rote Flagge gehißt wurde.
Schließlich wandelte sich sein Zorn zu Wahnsinn. Jemand, etwas würde bezahlen! Er packte die leere Pistole und ging auf Tico los. Der Kater spürte die Gefahr und floh mit ärgerlichen Lauten von der Brücke. Davidson folgte ihm, die Pistole wie eine Keule schwingend. Vielleicht weil er das einzige andere Lebewesen auf dem Schiff war, wurde der Kater zum Symbol für alles, was der Ingenieur haßte.
Tico zu jagen, wurde ein spannendes Spiel. Der Ingenieur ging ihm durch die endlosen Korridore nach, untersuchte Kabine um Kabine und versiegelte jede, damit das Tier nicht zurückkommen und sich darin verbergen konnte. Manchmal sah er kurz einen schwarzen Schatten in der Ferne verschwinden; sonst aber war die Jagd erfolglos.
Dann kam ihm die Fütterungsvorrichtung in den Sinn. Zu bestimmten Zeiten setzte der Nahrungsroboter in der Küche Tico Milch und Proteinkörner vor. Davidson mußte nur warten können. Er ging in seine Werkstatt und lud seine Pistole neu.

Tico hatte Hunger. Er wußte, es war Zeit, zum Ort zu gehen, wo Milch in seine Schüssel gezaubert wurde. Doch der Mensch, der ihn verfolgte, machte ihn nervös. Sein kätzischer Selbsterhaltungstrieb gebot ihm Vorsicht.
Er kam zur Küchenschwelle, und sein Schwanz wurde doppelt so groß, als sein Schnurrbart ihn vor dem Feind warnte. Ein unwilliger Schrei, und er rannte den Gang hinunter, dem technischen Bereich des Schiffs entgegen.
Davidson raste ihm nach, die Pistole entsichert für den Augenblick, da das Tier lang genug stillstand, um ein Zielen zu ermöglichen.
Die erste Tür, die Tico offenfand, gehörte zum chemischen Labor. Das hatte er stets gemieden, weil es darin Gerüche gab, die seine aristokratische Nase beleidigten. Jetzt flüchtete er hinter ein Gewirr von Glasröhren, die für ein Experiment aufgestellt worden waren, das nie würde vollendet werden.

Mit Augen, die sich so rastlos wie Radar-Antennen drehten, betrat Davidson den Raum und stand stockstill. Durch einen Tank mit Säure hindurch sah er die verzerrte Form einer schwarzen Katze. Er hob die Pistole und schoß. Die Kugel zerschmetterte das Glas, und ein Schwall von Säure ergoß sich vom Gestell. Dämpfe wallten gegen den Ingenieur, und ein schwarzes Etwas schoß an seinen Beinen vorbei.
Als der ätzende Nebel dicker wurde, wandte er sich dem Ausgang zu: eben glitt die feuersichere Türe davor. Empfindliche Sensoren hatten die Säuredämpfe registriert, und der Computer, der die Sicherheit des Schiffs kontrollierte, hatte den Bereich versiegelt.
William Davidson stand bewegungslos, während sich die Dämpfe zerstreuten. Sie brannten in seinen Augen, aber der wahre Grund für die heißen Tränen, die über sein Gesicht rollten, war das Wissen, daß er – ohne Kameraden, die die Tür von außen öffnen konnten – so sicher in der Falle saß, als läge eine Grabplatte über ihm.

Zur vorberechneten Zeit brachte der Computer von *Pionier* das Schiff in eine Umlaufbahn um Terra Nova. Seine Segel wurden eingezogen, und mit röhrenden Retro-Raketen schwebte es auf das Land hinunter.
Die menschenähnliche Bevölkerung des Planeten war in der steinzeitlichen Phase ihrer Entwicklung. Metall kannten sie noch nicht, und ihre Religion konzentrierte sich auf Gegenstände aus Stein. Das änderte sich, als ein Stamm auf der Pilgerfahrt zur heiligen Ebene ein Donnern in den Himmeln hörte und einen schimmernden Tempel auf einer Feuersäule niedergehen sah. Sie warfen sich zur Erde, als der Tempel stillestand; er ragte über ihnen wie ein Turm in die Luft.
An Bord der *Pionier* erwachte unter den Befehlen der Computerzentrale elektronisches Leben. Die Luftschleuse öffnete sich, und eine Metallrampe senkte sich zum Boden.
Für die Bevölkerung kam das Aufgehen der Tür einem überna-

türlichen Befehl gleich, einzutreten, und ihre Furcht vor dem Ungehorsam war größer als die Furcht vor dem geheimnisvollen Turm. Drinnen krochen sie den Metalltunneln entlang, bis sie das Heiligtum des Gottes fanden, der ihnen diese wundervolle Gabe gebracht hatte.

Bei der Brücke angekommen, fielen sie wieder auf die Knie, als sie eine schwarze Erscheinung sahen, die sie mit göttlichen grünen Augen anschaute. Vor seinem Thron lagen ein paar Knochen eines Opfertiers.

«Schaut den Pelzigen Gott!» schrie der Schamane, der, wie andere seines Schlags, Unerwartetes schnell zu seinem Vorteil zu nutzen wußte.

Der Tempel des Pelzigen Gottes brachte dem Stamm große Wunder. Sie entnahmen ihm Metall, machten Speere und Pfeilspitzen draus und sicherten sich so den ersten Platz unter den Stämmen der Gegend. Ihre Gottheit blieb inzwischen da, wo unsichtbare Geister die weiße Flüssigkeit produzierten, die er zu seinem Wohlergehen brauchte. Manchmal kam er die Rampe hinunter und kratzte am fremden Boden. Dies wurde als symbolischer Akt der Besitznahme empfunden. Aber mit der Zeit blieb der Gott in seinem Heiligtum.

Der Schamane – jetzt Hohepriester des Kults des Pelzigen Gottes – verbrachte viel Zeit mit ihm. Wenn er ein kehliges Schnurren seines Herrn hörte, bedeutete er seinem Stamm, die Zeit sei günstig, um zu säen oder Krieg zu führen.

Und in Dankbarkeit ehrte der Stamm den Pelzigen Gott, indem er auf der heiligen Ebene zwei Reihen riesiger Steinstatuen schuf, jede ihm ähnlich geschaffen.

7 Die Katzenfalle

Stella Whitelaw

Ein höherer Beamter der Quartierbehörden schlug vor, die Häuser an der Arbuthnot Road abzureißen und ihre meist älteren Bewohner umzusiedeln. Er fand seine Entscheidung klug. Zwei Jahre später wurde er anläßlich des Geburtstags der Königin geehrt, und seine Frau kaufte für die Feier im Buckingham-Palast einen Federhut.

Die betagten Bewohner der Arbuthnot-Straße erschienen nicht im Buckingham Palast. Man brachte sie in kleinen Wohnungen unter. Man glaubte, in ihrem Alter würden sie eine moderne Heizung und Toiletten in der Wohnung zu schätzen wissen. Bis zu einem gewissen Grad war das der Fall, aber viele hatten Sehnsucht nach der alten Straße und ihren winzigen Gärtchen.

Die Bulldozer kamen, und bald war die Gegend ein Schutthaufen; Fetzen verblichener Tapeten flatterten in den Staubwolken, und schwere, alte Kaminsimsen lehnten wie betrunken gegen zersplitterte, rauchende Holzbalken. Als die Schläge der Abbruchkugel und das Krachen der zusammenstürzenden Backsteinmauern aufhörten, starb die Straße. Nesseln wuchsen schweigend empor, und blasse, rosafarbene Lupinen schoben ihre Köpfe, aus verwüsteten Blumenbeeten herauswachsend, durch den Schutt wie Seelen Verstorbener. Die neuen Bewohner siedelten sich fast unbemerkt an.

Die ersten Katzen waren keine Fremden in der Straße. Es waren Haustiere, die ihre alten Bewohner hatten aussetzen müssen, weil sie sie nicht mitnehmen durften. Diese Katzen waren geschockt und scheu; gewohnt, mit Menschen zu leben, wußten sie nicht für sich selbst zu sorgen und verstanden nicht, warum man sie zurückgelassen hatte. Sie strichen in der Nähe ihrer früheren Wohnungen herum und warteten darauf, daß ein Wunder die normale Lage wieder herstelle.

In ihrer nervösen Mitte schritt selbstbewußt ein Führer, ein großer schwarzer Kater. Er stammte schon von verwilderten Katzen ab und war nun völlig wild, von einer Raubgier und Schlauheit, die ein ganzes Leben der Selbstverteidigung geschärft hatte. Seine Mutter war von einer Familie verstoßen worden, als sie begriffen, daß das Tier trächtig war. In Panik brachten sie die Mutterkatze in einer Kartonschachtel zu einem Abfallhaufen und ließen sie dort. Sie zog ihre Kätzchen in eben derselben Schachtel auf, aber auch sie war gewohnt gewesen, mit Menschen zu leben, und starb bald danach.

Das stärkste ihrer Kätzchen wuchs zu einem mageren Menschenhasser heran. Niemand konnte in seine Nähe kommen. Er hatte in Fabriken am Hafen gelebt und in einem Sumpf nahe einem verlassenen Flugplatz; er dominierte jede Gruppe, zu der er stieß. Er kämpfte, er jagte, er tötete. Und er zeugte Dutzende magerer, wildäugiger Kätzchen.

Santa hingegen war ein Weihnachtskätzchen, ein unerwünschtes Geschenk, das um Neujahr herum häufig die Hand wechselte. Seine letzten Halter konnten kein Kätzchen brauchen, brachten es aber nicht über sich, nein zu sagen, und auch nicht, ihn zu ertränken. Zweimal war er auf dem Weg zu einem Wasserkessel gewesen. Santa beschloß, es nicht auf einen dritten Versuch ankommen zu lassen. Als er verschwand, kümmerte das niemand.

Ein schielender Schildpattkater kam aus ganz anderen Verhältnissen. Man hatte ihn in einem alten kleinen Spital aus roten Backsteinen gerne gesehen. Angestellte und Patienten fütterten ihn, und manch alter Mensch verdankte seine Gesundung teilweise dem heilenden Schnurren, das ihn während der langen Nachmittage begleitete. Dann wurde das Spital aus Spargründen geschlossen.

«Was in aller Welt ist mit dem alten Loopy passiert?» fragte einer der Portiers, als er die letzten Krankengeschichten in eine Plastikbox verstaute. Niemand wußte es. Loopy strich in diesem Moment durch die leeren Säle und fragte sich verwirrt, wohin all die Leute verschwunden seien. Als ihm endlich klar wurde, daß keine Spitalmahlzeiten mehr zu erwarten waren, setzte er sich ab. Für nichts würde er keine Mäuse fangen. Er war stark, in guter Verfassung, und stieß schließlich zu der Katzenkolonie, die sich in der Arbuthnot-Straße zu bilden begann. Dem großen Kater ging er jedoch aus dem Weg.

Weil sie ihre veränderten Verhältnisse nicht begriffen, änderte sich die Persönlichkeit der Hauskatzen drastisch. Der schmale Graue hatte lang und bequem mit einer gütigen, liebevollen Rentnerin gelebt, die ständig mit ihm gesprochen hatte. Seine Welt wurde traurig und stumm, als die alte Frau plötzlich starb. Niemand dachte an ihre Katze in der Aufregung und dem Durcheinander, als man nach der Polizei rief und die Türe aufbrach; das Wohlfahrtsamt richtete ihre Beerdigung aus, nachdem es versucht hatte, gleichgültige Verwandte zu erreichen. Tibbles saß tagelang vor der aufgebrochenen Tür, doch niemand bemerkte ihn. Man hielt ihn für eine der Nachbarskatzen. Schließlich gab er das Warten auf und wanderte davon.

Er blieb am Rand der Kolonie, weil ihm nichts anderes übrig blieb. Sein Leben hätte ebensogut vorüber sein können.

Die exotischste Katze in der Kolonie war Samantha. Sie war selbstbewußt und hübsch, einst eine wertvolle Creme-Perser. Sie war ausgesetzt worden, als ihre Halter Ferien auf Barbados gebucht hatten und dann herausfanden, wie teuer der Aufenthalt in einem Katzenheim war.

«Wir brauchen die Ferien mehr, als wir die Katze brauchen», hatten sie sich gestritten, laut und schuldbewußt.

Sie warfen sie auf dem Weg zum Flughafen aus dem Autofenster. Benommen kauerte sie auf dem harten Rand der Autobahn, bis der schiere Hunger sie zwang, auf Nahrungssuche zu gehen. Nachdem der große Kater sie gedeckt hatte, folgte sie ihm gefügig.

Eine gütigere Familie nahm Jupiter, ihren Seal-Point-Siamesen, zwar mit in ihr neues Heim, aber sie gaben ihm keine Gelegenheit, seine neue Umgebung kennenzulernen, ehe sie ihn freiließen. Sie mußten ja an so vieles denken. Jupiter war voll Neugier, ging auf einen Ausflug und fand den Heimweg nicht mehr; meilenweit

wanderte er in wachsender Verwirrung und fand sich nicht zurecht. Schließlich erreichte er die Überbleibsel der Arbuthnot-Straße. Die Familie gab eine Annonce auf, aber natürlich konnte Jupiter nicht lesen.
Nicht alle Katzen waren wirklich wild. Thomas, ein magerer Tabby, hatte eine Kindheit voller Schrecken hinter sich. Seine Familie war lärmig und undiszipliniert, und so pflegten die Kinder ihn am Schwanz zu ziehen, seine Pfoten mit Schnur zusammenzubinden und Flaschenkapseln in sein Gesicht zu schießen. Eines Tages verließ der Mann seine Familie. Am nächsten Tag tat Thomas das gleiche. Es war das Tapferste, was er je getan hatte. Alle weinten, aber ob um die Katze oder um den Vater, war nicht sicher auszumachen.
Die Kolonie in der Arbuthnot-Straße wuchs, als sich Kater und Kätzinnen zusammenfanden und Junge hatten. Die Jungen waren äußerst scheu und ließen sich nicht anfassen. Manche der erwachsenen Katzen erinnerten sich an ihr Haustierleben und nahmen hin und wieder von einer stillen Frau mittleren Alters, die den Weg zu ihrer Arbeit im Supermarkt abkürzte, indem sie an einem Müllabladeplatz vorbeiging, Nahrung an. Sie hob alte Käsereste, Speck und altes Brot auf; manchmal gab es auch ein Stück schimmligen Schinkens.
«Kommt, kommt, kommt», rief sie den Katzen zu, die sie von Backsteinhaufen her beobachteten. Der Baugrund war nie richtig aufgeräumt worden. «Pussy, Pussy, Pussy!»
Die verwilderten Katzen rührten sich nicht. Sie hatten die Bedeutung dieses Rufs vergessen, falls sie ihn je gekannt hatten. Sie wußten dagegen, daß sich die Menschen kaum mehr für sie verantwortlich fühlten. Betrunkene traten auf sie, fluchten und warfen mit Flaschen. Kinder jagten sie mit Bierdosen und Steinen. Ein Wurf Kätzchen war einfach verschwunden, nachdem Schüler mit Taschenmessern, Draht und Streichholzschachteln auf den Platz gestürmt waren. Die verwilderten Katzen regten sich also nicht.
«Puss, Puss, Puss», rief die Frau beharrlich; sie hatte einen

starken Charakter. Sie lebte unweit der Arbuthnot-Straße. Ihr Haus war der Zerstörung eben noch entgangen, aber dessen Außenmauer hatte mit Holzstreben gestützt werden müssen.
Tibbles tat den ersten Schritt. Er streckte seinen schlanken grauen Körper und ging schlendernd auf sie zu, als ob er an ihr vorbeigehen wollte. Sie hielt ihm eine Handvoll Käse entgegen. Er hatte früher Käse sehr gern gehabt. Vor dem Schlafengehen hatte seine Meisterin stets ein Käsebrot mit ihm geteilt.
«Voll Protein», pflegte sie zu sagen. «Ich werde nie verhungern, solange ich ein Stück Käse kaufen kann ...» Sie ahnte nicht, daß Käse sie nicht davor bewahren würde, aus dem Bett zu fallen und mit gebrochener Hüfte auf dem Boden zu liegen, bis Dehydration und ein Herzanfall ihr ein Ende machten.
Tibbles schlang ein paar Käsebrocken hinunter und brachte sich schnell in Sicherheit. Er traute ihr nicht. Samantha schoß herbei; sie wollte auch einen Anteil.
«Wie schade», sagte Martha, als sie ein wenig Käse für die schmutzige weiße Katze zerkrümelte. «Ein Bad würde dir guttun. Schön bist du jetzt nicht gerade, gelt?»
Die übrigen Katzen verharrten wie Statuen. Santa studierte die Frau aus verengten grünen Augen. Er wußte, sie hatte Nahrung, und er hatte Hunger. Aber ihre Einkaufstasche sah ein bißchen wie ein Kübel aus. Er riskierte es nicht.
Martha erhob sich und streute den Käse auf den Boden. Die Katzen würden wohl nichts gegen ein bißchen Schmutz haben. Sobald sie außer Sicht war, stürzten sich die Katzen auf den Käse, beißend und kratzend, um etwas zu ergattern. Der wilde Kater eroberte das größte Stück und knurrte jedermann, der es haben wollte, an. Er schlich zurück zu seiner Behausung in einem zerquetschten Wassertank und kaute sorgfältig. Niemand wußte, daß seine Zähne faul waren und es nicht mehr viel gab, das er essen konnte. Seine Größe und seine Kraft machten ihn noch immer zum Führer, aber wenn er nicht essen konnte, würde er schwach werden. Mehrere junge Kater, mager und wildäugig, warteten nur darauf, seinen Platz einzunehmen.

Es fing an zu regnen. Die Katzen schüttelten sich und rannten in Deckung. Thomas blieb im Regen draußen und schnüffelte auf der Erde nach durchnäßten Käsekrumen, die andere liegengelassen hatten. Er kam nur so zu Nahrung, denn er war ungemein schüchtern. Der Regen pflasterte sein Fell an seine mageren Rippen; er war am Verhungern, und man sah es ihm an.

«Hat es in diesem Sommer je zu regnen aufgehört?» fragte Inspektor Alan Murphy. Er wandte sich vom Fenster ab und nahm von Celia Hamilton eine Tasse Tee in Empfang. Celia, eine junge Tierärztin, war seit kurzem bei der Tierhilfe-Gruppe. Sie war eine sehr sachlich wirkende junge Frau mit riesigen Brillengläsern und einem strengen Haarschnitt.
«Ich glaube nicht», sagte sie kurz.
«Setzt euch alle hin», sagte Mrs. MacKay, die der Arbeitsgruppe vorstand. «Wir haben eine Menge Arbeit. Und in diesem Monat müssen wir entscheiden, was wir mit der Katzenkolonie in der Arbuthnot-Straße anfangen.»
«Sind Klagen gekommen?»
«Dutzende. Wegen lästiger Gerüche und toter Katzen, und jetzt fangen sie an, in umliegenden Häusern nach Nahrung zu suchen. Sie werfen Milchflaschen um, stehlen von Küchentischen, graben in den Gärten. Die Kolonie ist sehr groß geworden, und niemand wagt mehr, ein Baby im Kinderwagen draußen alleinzulassen.»
«Katzen greifen doch sicher keine Babys an?» fragte Celia.
«Die Katzen suchen die Milch, die um den Mund von Babys verschmiert ist», sagte Alan Murphy. «Es könnte Kratzer geben.»
«Klingt wie ein Horrorfilm.» Sie schauderte.
«Wir müssen alle Methoden in Betracht ziehen, die wir anwenden können», sagte Mrs. MacKay. Sie war eine runde kleine Frau, sah fast aus wie eine Katze, und arbeitete seit dreißig Jahren für den Tierschutz. Es hatte mit einer kleinen Rettungsstation für verwilderte Tiere begonnen, die sie ganz allein geführt

hatte. Jetzt schätzte man ihre Mitarbeit in verschiedenen Komitees, und manchmal schien es ihr, Papierarbeit nehme mehr Raum ein als praktische. Sie hatte so wenig Zeit, sich um ihre eigenen Katzen zu kümmern.

Die Lage war für den Tierschutzverein nicht neu. Etwa zwölftausend Katzen lebten wild in Großbritannien, in 704 Kolonien. Die Leute wollten Mrs. MacKay nicht glauben, wenn sie die Statistiken präsentierte. Und selbstverständlich gab es eine Menge weiterer, nicht registrierter Kolonien. Eine Viertelmillion verwilderter Katzen – das war nicht ausgeschlossen.

Heizungsanlagen von Spitälern waren beliebte Plätze für Katzenkolonien, ferner Fabriken und Hafenanlagen. Katzen fanden sich in Militärlagern, Schulen, Wohnwagencamps, Abfallhaufen, Transformatorenstationen, Farmen und Gefängnissen. Sie waren nicht immer lästig. Wie im alten Ägypten wurden sie geschätzt, weil sie Mäuse und Ratten vertilgten. In dieser Hinsicht waren sie anders als viele andere wilde Tiere, und aus diesem Grund hatte der Tierschutzverein verschiedene Methoden entwickelt, um eine Kolonie in Schranken zu halten.

«Es stehen uns verschiedene Wege offen», begann sie und ärgerte sich, weil sie wie eine Gewerkschafterin klang. Hier ging es um wirkliche Geschöpfe, über deren Schicksal sie entscheiden mußten, wilde, tapfere Wesen, die in einer fremden Umgebung so gut als möglich zu überleben suchten.

«Erstens, wir lassen die Kolonie in Ruhe und überlassen den weiteren Verlauf der Natur. Das bedeutet das Überleben der Stärksten.»

«Noch mehr tote und schmutzige Katzen.»

«Zweitens, die komplette Vernichtung der Kolonie durch Fallenstellen und Töten.» In ihren Ohren klang sie jetzt wie die Kommandantin eines Konzentrationslagers.

«Ein bißchen drastisch.»

«Manchmal, wenn eine Kolonie ihre Lebensmittelquelle verloren hat – zum Beispiel, wenn ein altes Spital geschlossen wird –, ist das noch das Humanste. Aber im Fall der Arbuthnot-Straße würde sich wieder eine neue Kolonie bilden, und wir müßten von vorne anfangen.»

«Nein, danke!» sagte Celia; sie wußte, wer die Schlächterei würde durchführen müssen.

«Wir könnten die Kolonie verkleinern, indem wir nur einzelne Tiere herausnehmen und alle dafür geeigneten Katzen fangen und bei Leuten unterbringen. Das ist die billigste Methode, aber sie bietet keine dauerhafte Lösung.

Viertens könnten wir die ganze Kolonie einfangen, kastrieren und wieder freisetzen. Damit stabilisiert man die Kolonie und verbessert die Gesundheit der Tiere. Und schließlich könnte man auch die chemische Geburtenkontrolle ausprobieren. Bei den beiden letzten Wegen stellt sich die Kostenfrage. Vielleicht machen die Behörden etwas Geld locker ...»

Die Arbeitsgruppe besprach weit in den Nachmittag hinein die Zukunft der Katzen, die in der Arbuthnot-Straße wohnten. Inspektor Murphy beobachtete die Neue mit geheimem Interesse. Die nüchterne, sachliche Haltung verbarg eine recht unsichere junge Frau, schien ihm.

Celia äußerte sich während des Gesprächs stets nur sehr kurz. Sie war vor Angst wie versteinert. Plötzlich hatte sie alles vergessen, was sie gelernt hatte; wenn sie nun die Kastrationen, das Einfangen, das Spritzen und Einschläfern nicht beherrschte?

Alan Murphy lehnte sich über den Tisch. «Sie werden nicht alles allein machen müssen», versicherte er. «Sie werden Hilfe haben.»

«Danke», sagte sie. Sie war nicht sicher, ob er sich über sie lustig machte. Sie war Männer nicht gewohnt, deshalb arbeitete sie mit Tieren. Sie wandte sich ab, damit er ihr Gesicht nicht sehen konnte.

Als der Regen nachließ, kamen die Katzen heraus, um sich zu trocknen. Sie sahen mit ihren zerrissenen Ohren und entzündeten Augen elend aus. Manche versuchten tapfer, sich sauberzulecken. Die wirklich wilden hatten diesen angeborenen Katzen-

instinkt zwar auch, aber er spielte viel weniger zwanghaft. Man hatte zuviel zu tun mit Kämpfen und Nahrungsuchen. Pflege stand weit unten auf der Prioritätsliste.
Zwei Menschen kamen zum Platz und gingen in Stiefeln herum; sie kletterten über den Schutt und hatten Notizbücher in den Händen. Die Katzen beobachteten sie von ferne. Sie wußten nichts von der Entscheidung der Arbeitsgruppe.
«Verwilderte Katzen zu zählen, ist unmöglich», sagte Alan und half Celia über einen gefährlichen Bretterstapel. «Man ist nie sicher, wenn sie nicht ganz deutlich gezeichnet sind. Die gleiche Katze wird zwei- oder mehrmal gezählt.»
«Den großen schwarzen Kater, dieses wild dreinschauende Biest, kann man aber nicht verwechseln, und auch nicht diese schmutzige weiße Perserkatze. Ich wette, das ist ein ausgesetztes Haustier. Die sieht nicht mehr aus wie ein Bild auf einer Schokoladeschachtel – eher wie eine zerquetschte Schachtel Bärendreck», sagte Celia. Sie fühlte sich jetzt, aus der Sitzung entlassen und auf dem Schauplatz des Geschehens, weniger als Neue.
«Dieser traurig dreinblickende Graue könnte zutraulich werden. Sehen Sie, wie er jede unserer Bewegungen beobachtet und dabei vorgibt, ganz uninteressiert zu sein. Rascheln Sie mit Ihrer Papiertüte, dann sehen wir ...»
«Ja, er hat mit den Ohren gezuckt», sagte Celia erheitert. «Er ist neugierig, ob ich etwas Gutes mitgebracht habe. Aua, schauen Sie sich dieses schimmlige Brot an! Kein Wunder, daß sie an Krankheiten und Entzündungen leiden.»
Sie stellten mehrere Näpfe mit Futter hin und zogen sich ein Stück zurück, um die Kolonie zu beobachten. Wie vorausgesehen, wagten sich die Zahmsten zuerst heran, aber die Wilden folgten ihnen auf dem Fuß. Fauchend wurde um jedes Bißchen gekämpft; die scharfen Zähne waren gebleckt, um das Essen aus den Mäulern anderer zu stehlen.
«Achten Sie mal auf den schüchternen Tabby, ganz am Rand. Er ist am Verhungern. Man sieht, daß er nie etwas bekommt.»

«Vermutlich werden Sie versuchen, ihn getrennt zu füttern», sagte Alan, ihre Gedanken lesend. «Sie sind weichherzig.»
«Vielleicht. Ich werde es probieren.»
Sie folgte Thomas über den Platz, Zentimeter um Zentimeter, und rief ihn ermutigend, um ihn von der Hauptgruppe der Katzen zu trennen. Er sah mitleiderregend aus, seine Rippen stachen durch das kurze, schmutzige Fell. Der erste Einschläferungskandidat, dachte Celia, und versuchte unbeteiligt zu bleiben.
Sie trieb ihn weiter weg, so daß die anderen Katzen das Futter, das sie ihm geben wollte, nicht riechen konnten. Sie kratzte den Rest des Fisches heraus und stellte den Napf in ein Büschel hohes Gras, so daß die schüchterne Katze etwas Deckung hatte. Dann stellte sie sich zwischen die Kolonie und die Nahrung.
Thomas beobachtete das Manöver aus der Sicherheit eines weggeworfenen Kinderwagens. Er war neugierig, aber zu furchtsam, um eine Bewegung zu wagen. Er wußte, da war Essen. Der Duft raubte ihm den Verstand. Er vergaß die Frau, die ein paar Meter entfernt kauerte.
Er schoß auf zittrigen Beinen vorwärts, fast sicher, daß ihn der schwarze Kater oder eine andere wilde Katze überfallen würde. Aber es kam niemand. Er erreichte den Fisch und konnte es nicht fassen. Es war richtiger Fisch, wie er ihn seit Monaten nicht geschmeckt hatte. Er schlang das Futter hinunter, ohne auch nur einmal innezuhalten.
«Langsam», murmelte Celia. «Du erstickst ja.»
In Sekunden war der Fisch weg. Thomas sah wie hypnotisiert aus. Er leckte jede feuchte Krume vom Teller und stieß ihn auf dem Boden vor sich her, entschlossen, nicht einmal den Duft entweichen zu lassen. Und in diesem Augenblick rettete er sich vor der Todesspritze: er begann, ohne es zu wissen, zu schnurren, als er den Teller durch das Gras verfolgte.
Celia notierte sorgfältig die Zeichnung des Tabby. Diesem würde sie ein Heim finden.
Ende der Woche hatten Alan und Celia den größten Teil der

Katzen identifiziert und ihren Zustand notiert. Sie hatten auch Martha Strong mit ihrer Supermarkt-Tasche kennengelernt.
«O nein, ich könnte unmöglich eine Katze halten», sagte sie, ängstlich und abwehrend. «Ich bin den ganzen Tag unterwegs, und Katzenfutter ist schrecklich teuer.»
«Aber gegenwärtig füttern Sie sogar mehrere Katzen mit den Abfällen, die Sie sammeln», sagte Celia beschwörend.
«Mit einer eigenen Katze wäre das anders. Ich müßte das Futter kaufen. Und dann die Milch. Ich kann mir keinen Liter frische Milch mehr leisten. Und von diesen Katzen möchte ich ohnehin keine. Sie sind voller Flöhe.»
«Wir würden dafür sorgen, daß die Katze in bestem Zustand wäre, wenn sie zu Ihnen käme. Keine Flöhe. Und kastriert.»

Ein Lieferwagen fuhr heran. Die Männer begannen, Fallen aus Holz und Draht abzuladen. Es war wichtig, zuerst die Weibchen zu fangen. Dank Martha wußten sie, welche Katzen trächtig waren oder Junge hatten. Ein paar Tage lang ließen sie eine Scheinfalle auf dem Gelände stehen, mit Futter drin; die Katzen sollten sich daran gewöhnen. Die Falle war mit einem Sicherheitsschloß an einer alten Eisenkonstruktion befestigt. Fallen wurden oft gestohlen, weil sie gute Kaninchenställe abgaben.
Alan beschloß, eine Handfalle statt einer automatischen zu benützen, obschon das für die Fänger eine lange Wartezeit mit sich brachte. Doch so konnten sie gezielt vorgehen. Es war unmöglich, einen kühnen Kater zu fangen, wenn das trächtige Weibchen, das er bei sich haben wollte, ein paar Zentimeter entfernt saß. War die Falle einmal zugeschnappt, wäre die Kätzin zu nervös, um während Wochen wieder in die Nähe zu kommen, wenn überhaupt.
Die Fallen bestanden hauptsächlich aus Holz, wie es die Katzen mochten, und gewährten rundherum freie Sicht. Innen waren Drahtelemente, mit denen die Katze eingeengt werden konnte, damit Celia bei ihrer Arbeit nicht gebissen oder gekratzt wurde.
Alan saß im Lieferwagen und las halbherzig in der Zeitung. Das

Seil von der Falle kam zum Fenster herein und war an der Türfalle festgemacht. Er hatte Sandwiches und eine Thermosflasche voll Kaffee. Er war auf langes Warten vorbereitet.
Er beobachtete die rundliche weiße Perserin. Sie war eindeutig trächtig und kratzte sich bis zur Verzweiflung. Alan wünschte eine besonders wirksame Sprühdose herbei, um eines ihrer Probleme zu lösen.
Er wickelte seine dicken Sandwiches aus; Schinken, Eier, Käse, Salat und Tomaten. Als Junggeselle glaubte er an gutes Essen. Die junge Celia sollte besser gefüttert werden.
«Ihr mache ich einmal ein Spezialsandwich», kicherte er.
Sie sollten bald automatische Fallen erhalten, deren Tür mit Federn gesichert war. Die konnte man aufstellen, mit Köder versehen und weggehen. Alan mochte sie nicht besonders. Es war schwierig, eine Katze herauszuholen, ohne daß sie entwischte, und unmöglich, den Bewegungsraum der Katze für die Injektion einzuengen. Die Falle konnte kaputtgemacht werden, mit oder ohne Katze. Aber sie waren billig, und das war heutzutage wichtig.
Samantha wurde als erste eingefangen; sie hatte dem gehackten Hühnerfleisch nicht widerstehen können. Alan zog das schlaffe Seil an und ging auf die Falle zu, das Seil absolut gestreckt. Samantha geriet in Wut, als sie sich gefangen sah, und warf sich gegen die Stahlgitter. Alan verriegelte die Türe, dann schob er ein schaufelförmiges Brett durch den Schlitz in der Mitte und schob sie sanft zur Seite. Sie versuchte auszuweichen, indem sie sich über das Schaufelblatt zu quetschen versuchte.
«Das hat keinen Sinn», sagte Alan besänftigend und warf ein paar knusprige Katzenbiskuits hinein. «Beruhige dich doch.»
Samantha kauerte hinten im Käfig, sie spuckte und fauchte. Katzenbiskuits waren einmal ihr Lieblingsfutter gewesen, aber sie hatte so lange keine mehr gesehen, daß sie sie fast vergessen hatte. Die Biskuits glitten unter ihre Pfoten, als Alan die Falle in den Lieferwagen lud. Sie stürzte sich darauf und kaute sie.
In der Klinik gab Celia jeweils eine schmerzstillende Spritze,

dann wurde die Katze kastriert. Hierauf wurde ihr ein Langzeit-Antibiotikum gespritzt, und sie wurde nach Flöhen und Milben abgesucht. Aber da Samantha hochträchtig war, beschloß Celia zu warten, bis die Kätzchen geboren waren. Unterdessen wurde ihr Fell behandelt. Celia griff zur Sprühdose.
«Auf dieser Katze wimmelt es», sagte sie schaudernd, als ihr die Flöhe auf den Ärmel hopsten. «Und ihre Ohren sind entzündet, weil sie wie verrückt darin gekratzt hat. Manche Leute würden sagen, eine Einschläferungsspritze wäre vernünftiger.»
«Aber nicht Sie», sagte Alan von draußen, wo er die Falle vor dem Wiedergebrauch desinfizierte. «In ein paar Tagen wird sie eine kleine Schönheit sein. Wir sollten ein Zuhause für sie finden.»
«Versuchen Sie es», sagte Celia. «Wir müssen sie wegen der Jungen ohnehin ein paar Wochen behalten.»
Tibbles, der melancholische Graue, wurde als nächster gefangen. Er war ohne Zögern hineinmarschiert. Er hatte es immer geliebt, in Schachteln, Körben oder Einkaufstaschen zu sitzen. Nach der Kastration und einem gründlichen Bad mit Bürsten wurde er wieder in sein Gelände entlassen, leicht belämmert und schläfrig.
An jenem Abend kam Martha mit ihrer üblichen Tasche voll Futter. Sie stellte den Einkaufskorb auf den Boden, und ohne nachzudenken stieg Tibbles hinein, legte sich auf das Buch aus der Bibliothek und die Zeitung und schlief ein.
Es war wie ein Omen. Martha eilte heim, sich schuldbewußt umschauend. Ihr war fast, als stehle sie. In ihrer kleinen Küche angelangt, stellte sie den Einkaufskorb ab und goß Milch in eine Untertasse. Tibbles öffnete ein Auge.
«Es ist nur Trockenmilch», sagte sie entschuldigend. «Aber viele Leute merken keinen Unterschied. Ich könnte natürlich eine Packung Frischmilch vom Supermarkt heimbringen, jetzt wo wir zu zweit sind. Sie würde schließlich nicht verderben. Das heißt, wenn du hierbleiben willst.»
Drei Tage später sprang ihr Tibbles auf den Schoß. Als Martha langsam seinen knochigen Kopf streichelte, war sie beinahe

glücklich. Tibbles überlegte, ob sie wohl ein Käsebrot machen würde. Er nahm in Kauf, daß sie dabei eine Hüfte brechen könnte.

Das Einfangen ging langsam und vorsichtig weiter. Man konnte hier nichts beschleunigen. Der große Kater entging freilich allen Nachstellungen. Er schoß pfeilschnell in die Falle, schnappte den Köder und war wieder draußen, ehe die Tür geschlossen werden konnte. Alan fluchte milde vor sich hin, als der Kater über den Schutt setzte und verschwand.

Eine der Katzen nach der andern wurde gefangen, kastriert, entfloht und an den Ohren mit Identifikationskerben versehen. Ein paar alte und kranke Katzen wurden eingeschläfert. Celia haßte das. Sie lehnte sich gegen den Tisch, weil ihr übel war. Die tote Katze sah mitleiderregend aus, räudig und krank. Alan sah, wie blaß Celia war, und schob den Kadaver still in einen Plastiksack, der verbrannt werden würde.

«Haben Sie schon ein Heim für die Weiße gefunden?» fragte er, um das Thema zu wechseln. Er wußte ganz gut, daß die Katze immer noch in der Klinik untergebracht war.

«Warum fragen Sie mich?» fragte Celia, schärfer als sie wollte. «Ich bin keine Wohlfahrtsbeamtin. Warum nehmen Sie sie nicht selbst, wenn sie Ihnen so gefällt?»

«Wenn ich jeder Katze, die mir gefällt, ein Heim böte, wäre ich mit Tieren überhäuft», sagte er fröhlich. Er war viel älter als Celia, gewöhnlich und uninteressant; er konnte deshalb nichts anderes tun, als seine wachsende Zuneigung zu ihr in Distanz zu halten. Es machte ihm Freude, ihr da und dort zu helfen; er wußte, wieviele Stunden sie arbeitete und wie ernst sie ihre Aufgabe nahm. Die großen Brillengläser und der strenge Haarschnitt ließen sie wenig attraktiv erscheinen, aber für Alan war sie nur eine angsterfüllte junge Frau, die erwachsen zu sein versuchte.

«Ich hab' den schüchternen Tabby noch nicht gesehen», sagte Celia und tauchte ihre Arme tief in heißes Seifenwasser. Sie merkte, daß sie zu Alan kurzangebunden gewesen war, und er

war doch immer so gut zu ihr. «Wissen Sie, welchen ich meine? Den, der nie etwas zu essen bekommt.»
«Ich hab ihn in den letzten Tagen nicht gesehen. Wir brauchen jetzt nur noch den großen Kater zu fangen, dann hören wir auf in der Arbuthnot-Straße. Die neuen automatischen Fallen sind eingetroffen. Wir könnten ein paar davon dort aufstellen und die nächste Kolonie in Angriff nehmen.»
«Ich bringe die Fallen hin, wenn Sie zu beschäftigt sind. Ich brauche ein wenig frische Luft.»
Celia wollte selbst herausfinden, was mit dem schüchternen Tabby passiert war. Der Gedanke, die Katze könnte sich verletzt oder krank irgendwo verbergen, war ihr nicht angenehm. Sie nahm für alle Fälle etwas Chloroform mit. Sie würde es sofort anwenden, falls dem Tier nicht mehr zu helfen wäre.
Als sie ihr Auto am unteren Ende der Arbuthnot-Straße abstellte, sah sie die Bewegung flüchtender Katzen. So rasch sie verschwunden waren, sah man doch, daß sie im großen und ganzen bei besserer Gesundheit waren. Die Beschränkung ihrer Anzahl hatte stets diese Wirkung.
Celia installierte eine neue automatische, extrastarke Gitterfalle und legte ein paar starkriechende Sardinen als Köder aus. Die Türe würde sich schließen, sobald eine Katze auf die Kontaktplatte im Käfiginnern trat.
Sie kletterte über die Schutthaufen und war froh, eine Stunde von der Klinik weg zu sein, von der Verantwortung ihrer Arbeit entbunden. Mrs. MacKay und das Komitee überwachten sie beständig, ob sie auch tüchtig genug war. Sogar Alan hatte stets ein Auge auf sie. Es war, als ob sie in einem Glaskäfig arbeitete.
Sie wühlte mit einem Stock in unbeschreiblichem Abfall, denn sie wußte, der Tabby konnte sich an einem sehr kleinen Ort verstecken, zu angstgeplagt, um herauszukommen und nach Futter zu suchen. Sie hatte ein paar Sardinen für ihn aufgespart, obschon sie eigentlich glaubte, er sei tot.
Thomas schaute ihr aus der Tiefe einer rostigen Regenrinne zu. All das Gewühl auf dem Gelände hatte ihn erschreckt. Seine

Augen glänzten feucht in der Dunkelheit. Er war so mager, daß es ihm nicht schwerfiel, bis zum Ende der Rinne zu kriechen und sich dann umzudrehen. Er zitterte vor Nervosität, obwohl er wußte, daß ihn niemand sehen konnte.
Celia ging weiter, eine hohe graue Gestalt an einem grauen Nachmittag, und war bald außer Sicht. Thomas steckte seine Nase in die ihm verbliebenen Fellresten und versuchte zu schlafen, aber seine Magenmuskeln nagten und verkrampften sich. Schlaf war unmöglich. Für Thomas gab es in diesem Leben keine Hoffnung mehr. Er dachte an nichts.
Nach einer halben Stunde Suchen gab Celia es auf. Er mußte tot sein. Sie schlenderte zu ihrem Wagen zurück, die Hände tief in den Taschen, mit dem Chloroform-Fläschchen spielend.
Plötzlich zerriß ein durchdringender Schrei die Luft. Es war der schrecklichste Laut, den Celia je gehört hatte. Sie rannte in Richtung dieser unirdischen Schreie. Kein Mensch konnte solche Töne von sich geben ...
Der große Kater hatte wieder seinen Trick anzuwenden versucht. Aber der neue Käfig war viel schmaler als die alten Holzfallen. Er konnte nicht hinein- und wieder hinausschießen, ohne sich umzudrehen, und beim Umdrehen hatte er die Kontaktplatte berührt und den Schließmechanismus ausgelöst. Er war schnell, aber der Mechanismus war es auch.
Er war außerhalb des Käfigs, eine sich windende, knurrende Masse tierischen Zorns. Ein Hinterbein und der Schwanz staken in der Falle. Er kämpfte, um seinen Fuß freizubekommen, doch die Tür schloß sich nur noch fester. Der Knochen war durch das zerrissene Fleisch und Blut sichtbar.
Celia war entsetzt. Da der Kater außerhalb des Käfigs war, konnte sie die Einklemmvorrichtung nicht betätigen. Dieser Kater war ohnehin der wildeste der Gruppe, und jetzt war er vor Schmerz von Sinnen. Sich ihm zu nähern, schien ausgeschlossen, aber sie konnte ihn nicht seinen Qualen überlassen, um Hilfe zu holen. Sie mußte etwas tun; sie hatte ja Chloroform.
Sie zog den Regenmantel aus, um ihn um das fauchende, kral-

lende Bündel zu wickeln. Dann wollte sie etwas Chloroform auf einen Bausch tröpfeln und die Katze für ein paar Momente betäuben, sie in den Käfig schieben und die Tür verriegeln. Vielleicht ging das.

Aber sie hatte es mit einem nahezu zehn Kilo schweren wilden Tier zu tun, das außer sich war. Der große Kater hatte Jahre des Kampfes hinter sich. Die schlanke junge Tierärztin, frisch von der Universität, war für ihn kein Gegner. Er versenkte Zähne und Krallen in den Regenmantel und riß ihn ihr aus der Hand. Ein langer Kratzer zog sich über ihren Arm, dem rote Bluttropfen entquollen. Als sie ihren Regenmantel aufnehmen wollte, sprang er sie an. Sie fiel ungeschickt, wobei das Cloroformfläschchen aus ihrer Hand glitt und an einem Ziegelstein zerbrach. Der Kater hing an ihren Beinen; seine Krallen zerrissen ihre Strümpfe und senkten sich in ihr weiches Fleisch. Sie wehrte mit bloßen Händen die gebleckten Zähne ab und versuchte keuchend ihr Gesicht zu schützen. Als die Chloroformdämpfc sic erreichten und husten machten, rollte sie sich weg. Sie probierte wegzukriechen, aber der Kater ließ nicht locker. Sie schleppte Katze und Falle mit sich ... Das letzte, woran sie sich erinnerte, bevor sie in Ohnmacht fiel, war, daß der Kater schlechte Zähne hatte und ihre Wunden infiziert sein würden ...

Alan fand sie. Er wäre an ihrem parkierten Wagen vorbeigefahren, wenn er nicht bemerkt hätte, wie Thomas bei einem Lumpenbündel saß. Ihm kam in den Sinn, daß Celia nach der schüchternen Katze gefragt hatte.

Sie lag ohne Bewußtsein; ihr Gesicht, ihre Hände und Beine waren von tiefen Kratzern übersät. Thomas saß auf ihrem Regenmantel und leckte den Rest von Sardinen aus einer zerrissenen Tasche. Er hatte sich nicht gefürchtet, als er sah, daß sie sich weder bewegte noch einen Ton von sich gab. Aber als Alan herankam, floh er wie ein kleiner Geist in die Grasbüschel.

Alan hob Celia sanft hoch, und sie stöhnte in seine Schulter hinein.

«Lieber Gott», sagte er. «Wie scheußlich!»

Ihre Brillengläser waren zerbrochen, und er nahm sie von ihrem Gesicht. Ihr Haar war stumpf vor Schmutz und Blut; ihre Bluse war zerrissen, und er sah, daß sie um den Hals eine dünne Goldkette mit einem kleinen herzförmigen Anhänger trug. Es sah aus, als hätte er einer Mutter oder Großmutter gehört.
Sein Herz war von Liebe und Mitleid erfüllt, und er beugte sich nieder und küßte das kalte Metall in der warmen Höhlung ihrer Kehle. Ihm schien, er habe das Recht auf einen Kuß in seinem Leben, und auf die Erinnerung daran, wie ihre Haut sich anfühlte und roch. Selbst jetzt glaubte er nicht, daß ihre Lippen für einen Mann wie ihn bestimmt seien.
Sie versuchte etwas zu sagen; ihr Mund bewegte sich schwach. Er neigte den Kopf und verstand das Wort «Tollwut».
«Hab keine Angst, Liebes», sagte er. «Ich bring dich ins Spital.»
Sie schien zu lächeln und verlor dann wieder das Bewußtsein. Er trug sie zu seinem Wagen.
Alan ging am Abend auf das Gelände zurück. Er fand den Ort, zu dem der schwarze Kater sich und die Falle geschleppt hatte. Die Pfote war beinahe abgetrennt, und das Tier war von seinem Kampf gegen den unerbittlichen Stahl erschöpft. Aber seine Augen funkelten noch immer, als Alan die Todesspritze bereitmachte.
Als die Kolonie der Arbuthnot-Straße als stabilisiert betrachtet werden konnte, ließ sich Martha dazu überreden, für ihr Wohlergehen zu sorgen. Nach einigem Zögern gründete sie ein Katzenkomitee, das sich regelmäßig in ihrem Wohnzimmer traf und über den Fütterungsturnus und die Finanzenbeschaffung diskutierte. Ihr gefielen diese Zusammenkünfte; sie fand Freundinnen, und Tibbles saß auf ihrem Schoß und schnurrte wie ein Motorrad.
«Das war eine davon», sagte sie stolz. «Man sieht es ihm jetzt überhaupt nicht mehr an, nicht wahr?»
Ein Heim für Samantha, die weiße Perserin, zu finden, erwies sich als schwierig. Sie wollte sich um keinen Preis von ihren Kätzchen trennen, und so wuchs eine große, spielfreudige,

schwer im Griff zu behaltende Katzenfamilie heran. Eines Tages kam ein schwarzer Briefbote mit seiner Frau in die Klinik. Sie wollten für jedes ihrer Kinder ein Kätzchen und verliebten sich in die reinweiße Katze und ihre Brut. Die schwarze Familie stammte aus Barbados. Sie fanden die Katze unerhört und nannten sie Sugar Ray.

Thomas brauchte nicht eingefangen zu werden. Als Celia aus dem Spital kam, ging sie aufs Gelände und fand ihn so schwach, daß sie ihn bloß aufzuheben brauchte. Mehrere Tage lang fütterte sie ihn mit Babyflocken von ihrer Fingerspitze und Milch aus einer Pipette. Sie wußte, sie würde ihn behalten; ihrer Ansicht nach hatte er ihr das Leben gerettet. Als er zum erstenmal zu ihr kam, schüchtern aber freiwillig, empfand sie große Freude.

«Ich glaube, er hat tagelang versucht, sich dazu zu entschließen», sagte Celia zu Alan, «aber er hatte einfach den Mut nicht. Ich kann nicht beschreiben, wie rührend das war, Alan. Es war ein ungeheurer Schritt für ihn. Zum erstenmal glaubte er genügend an sich, um jemand anders zu trauen.»

«Ich kann es ihm nachfühlen», sagte Alan, ließ sich aber nicht weiter darüber aus. Vielleicht würde für ihn, wie für Thomas, ein Tag kommen, an dem er denselben Schritt würde tun können: an dem er genügend an sich glaubte, um zu Celia zu gehen und ihr zu sagen, was er in seinem Herzen fühlte.

Inzwischen gab es Arbeit, gab es ihre gemeinsame Verantwortung für Katzen, Kameradschaft und Freundschaft. Und als er Celia zuschaute, wie sie mit ihrem schüchternen kleinen Tabby sprach und ihn streichelte, war er es zufrieden, zu warten.

8 Rhapsody in Blue

Judy Gardiner

Laddy Silver saß und schaute aus dem Fenster; er dachte daran, daß er nächstes Jahr siebzig sein würde. Die Vorstellung erschien ihm unsinnig. Er sah nicht alt aus, und er fühlte sich auch nicht alt, außer wenn er beim Sich-Bücken Sodbrennen bekam. Ihm fiel ein, es seien eigentlich nicht die Leute, die sich so sehr veränderten, sondern die Dinge, die sie taten. Früher war er Tanzkapellmeister gewesen: Laddy Silver und seine Synkopierten Rhythmen. Er hatte im Savoy, im Dorchester, im Trocadero gespielt und einmal bei einem Diner im Buckingham-Palast. Er war immer noch fähig, eine Band zu dirigieren, wenn das nötig war. Er spielte gut Tenorsaxophon, konnte Musikstücke arrangieren und war geschäftlich tüchtig. Aber Tanzorchester waren heute nicht mehr gefragt, denn niemand wollte mehr tanzen. Jedenfalls nicht richtig.

So lebte Laddy in einem Appartement-Block mit seiner Frau Dolly in erzwungenem Ruhestand. Und Dolly hatte sich auch nicht verändert; sie war nur ein bißchen dicker und scharfzüngiger geworden. Er hatte sie als junges Mädchen kennengelernt, als sie vorsang, und sie besaßen immer noch eine von ihr besungene Schallplatte, *Two Dreams Met*, mit einer sehr jungen, tremolierenden Stimme. Aber als sie verheiratet waren, hatte er sie nicht mehr singen lassen, denn das hätte ihrem Prestige als Mrs. Laddy Silver geschadet.

Er schaute jetzt zu ihr hinüber, an diesem langen, sonnigen, Nachmittag, an dem sie an nichts zu denken hatten als an eine Tasse Tee und eine Schnitte Schokoladetorte um vier Uhr. Sie lag in ihrem Stuhl, die Schuhe am Boden, den Mund leicht offen, und eine Hand lag schützend auf Gershwin, ihrer Katze.

«Gersch ...», flüsterte Laddy mit geschürzten Lippen. Die Katze öffnete träge ihre Augen und schaute ihn einen Moment lang nachdenklich an, bevor sie wieder einschlief.

«Bist du Daddys lieber Junge, he? Daddys lieber großer Junge, gelt?» Sein Flüstern schien in der Luft zu schweben, und er sah befriedigt, wie es Gershwins Ohren kitzelte. «Machen wir einen kleinen Spaziergang, Gersch?»

«Sei doch still», murmelte Dolly, ohne die Augen zu öffnen. Die Hand auf Gershwins Rücken glitt aufwärts und begann, mit schläfriger Könnerschaft die Halsgegend zu streicheln.

«Er sollte nicht soviel schlafen», klagte Laddy. «Er ist eine schöne, starke Katze und sollte mehr Bewegung haben.»

Er richtete seine Aufmerksamkeit auf das Fenster und reckte den Kopf, um in den Garten sehen zu können. «Da kommt die kleine Dingsda. Sie trägt ein volles Einkaufsnetz, meist Gemüse, glaube ich.»

«Setz den Teekessel auf.»

«Vielleicht ist sie darum so mager. Gemüse geben einem kein Gramm Fett, sie laufen bloß durch einen hindurch.»

Er ging in die Küche, die so warm und schläfrig war wie das Wohnzimmer. Eine einsame Fliege surrte am Fenster. Er machte Tee und belud das Tablett mit Tassen und Untertassen, Milch und Zucker und zwei Tellern mit dicken Schnitten Schokoladetorte. Dolly war jetzt wach und schob die dünnen silberrosa Löckchen zurecht. Sie bedachte Laddy mit einem ruhigen, fernen Blick.

«Hast du seins auch?»

Ohne zu antworten, stellte Laddy den Napf mit Milch zwischen sie beide auf den Teppich; er rührte einen halben Löffel Zucker hinein. Dolly goß den Tee ein, und sie tranken schweigend, während Gershwin zu seinem Napf schlenderte und den Inhalt sorgfältig beschnupperte.

«In Kanada ist ein Zugsunglück passiert», sagte Dolly, den Mund mit Schokoladekuchen gefüllt. «Aber ich glaube, nicht in der Nähe von Joe.»

«Kanada ist groß», sagte Laddy.

«Joe ist fünfunddreißig.»

«Sechsunddreißig am 5. September.»
«Ich weiß, wann mein Sohn Geburtstag hat.»
«Er ist auch mein Sohn.»
«Wir sollten ihm dieses Jahr eine Glückwunschkarte schicken ...»
Gershwin trank seine Milch aus und polierte den Napf mit seiner Zunge. Er wusch seine Pfoten und sein Gesicht, ging dann zu Laddy hinüber und sprang auf seinen Schoß.
«Bist Daddys feiner Junge, gelt? Gehen wir spazieren, ja?»
«Ich bin neugierig, ob Joe eine Freundin hat», sagte Dolly. Dann fügte sie scharf hinzu: «Halt ihn nicht verkehrt, wenn er Milch getrunken hat.»
«Ich halte ihn nicht verkehrt. Er liegt bloß auf seinem Rücken in meinen Armen.»
«Wenn ein Tier auf dem Rücken liegt, ist das für es verkehrt», sagte Dolly. Laddy rieb noch ein paar Momente lang Gershwins Unterkinn und stellte ihn danach auf die Beine.
«Noch Tee?»
«Nein, danke.»
Das Gespräch schlief ein.

Vor dem Haus war ein breiter Gartenstreifen mit Rasen, Rosen und ein paar Silberbirken. Wenn man bedachte, wie nahe die Umfahrungsstraße vorbeiführte, war der Verkehrslärm gering. Laddy ging bis zu den Garagen hinter dem Haus und drehte sich dann um. Hin und wieder blieb er stehen, damit Gershwin seine Umgebung untersuchen konnte.
«Es braucht wohl viel Geduld, um eine Katze an Halsband und Leine zu gewöhnen», sagte eine Stimme, und Laddy erkannte die kleine Dingsda, die irgendwo im vierten Stock wohnte. Von nahem gesehen, hatte sie ein frischfarbiges Gesicht mit lebhaftem, eher kindlichem Ausdruck; sie war kaum älter als zwanzig. Er bemerkte, daß sie ihr Kleid mit Jeans vertauscht hatte und eine Zeitschrift in der Hand trug. Sie hatten noch nie miteinander gesprochen, nur einander angelächelt.

«Es kommt auf die Katze an», sagte Laddy. «Unsere ist sehr intelligent.»
Sie bückte sich und hielt ihre Finger Gershwin hin. Er beroch sie höflich, ehe er sich abwandte.
«Wenn Tiere sich städtischen Verhältnissen nicht anpassen können, sind sie verloren.»
«Das gilt auch für Menschen», sagte Laddy. «Wenn Königin Victoria auferstünde, würde sie in wenigen Stunden an Dieselabgasen ersticken.»
«Aber nicht, wenn sie sich in Balmoral aufhielte», sagte das Mädchen. «Wie heißt denn Ihre Katze?»
«Gershwin. Nach meinem Lieblingskomponisten.»
«Mir gefällt Tschaikowsky», sagte sie. «Aber so könnte man eine Katze wohl nicht nennen, oder?»
«Warum denn nicht», antwortete Laddy und wünschte, sie ginge. Um sie zum Weggehen zu veranlassen, setzte er sich auf eine Bank und starrte auf ein Rosenbeet. Aber sie setzte sich neben ihn, an den Seiten ihrer Zeitschrift fingernd.
«Ich arbeite im Maudesley-Spital», sagte sie, «und diese Woche bin ich jeden Tag um drei Uhr fertig.»
«Das ist schön», murmelte er. Er hatte keine Lust, sie nach ihrem Beruf zu fragen. Oder zu fragen, wie sie heiße. Ihm fiel auf, daß er lieber mit Gershwin zusammen war als mit irgend jemand anders.
«Ich bin Physiotherapeutin.»
«Hm, ja.»
Gershwin untersuchte gewissenhaft die vier Beine der Bank und sprang dann gewandt auf Laddys Schoß, wo er mit der Stirn gegen dessen Hand zu stupfen begann. Spätes Sonnenlicht lächelte in seinen Augen.
Das Mädchen öffnete seine Zeitschrift und betrachtete ein Strickmuster; dann schaute sie zu, wie Laddys Hand Gershwins Ohren sanft und rhythmisch streichelte.
«Haben Sie Kinder, Herr – äh?»
«Einen Sohn, Joe, der in Kanada lebt. Ich heiße Laddy Silver.»

Er erwartete nicht, daß ihr der Name etwas sage – nicht jemand so Jungem. Jedes Jahr waren es weniger Leute, die seinen Namen erkannten. Aber irgend etwas ließ ihn hinzufügen: «Ich hatte einmal ein Tanzorchester.»
«Wie aufregend! Mein Großvater bekam einmal einen Brief von Roy Fox.»
«Ach wirklich», sagte Laddy bedrückt. Er wollte nichts weiter hören, legte Gershwins Leine zurecht, setzte ihn auf die Füße und führte ihn heim. Im Lift zum ersten Stock fragte er sich, ob das Mädchen wohl wußte, daß Roy Fox seit langem tot war.

«Nett mit ihr zu plaudern, nicht wahr?» fragte Dolly, die in der Küche den Fisch für Gershwin mit der Gabel zerdrückte.
«Mit wem?»
«Mit der kleinen Dingsda.»
Er hätte mehrere Antworten gewußt. ‹Etwa wie mit dir›, war eine von ihnen, aber sie schien gar nicht zu erwarten, daß er etwas erwidere, denn sie fing an, Gershwin zum Abendessen zu rufen.
Und das war das Seltsame: Man brauchte Gershwin nie zum Abendessen zu rufen, besonders wenn es nach gekochtem Fisch duftete. Er war immer pünktlich da, beschrieb aufmerksame Arabesken zwischen ihren Füßen und trieb sie mit seinem hohen Eunuchen-Miau zur Eile an.
Aber nicht an diesem Abend. Stumm eilten sie durch die Wohnung – Wohnzimmer, Schlafzimmer, Bad –, doch da war keine Spur von ihm, nur der Pingpongball beim Kaffeetisch und der runde zusammengedrückte Fleck auf Laddys Bademantel, wo er manchmal schlief.
«Gershwin ... Gersch, Gerschi!»
Sie kamen gleichzeitig bei der Wohnungstür an, die nur um ein paar Zentimeter offenstand. Sie starrten einander haßerfüllt an.
«Du hast nicht zugemacht, als du zurückkamst!»
«Hier ...», sagte Laddy und rannte ins Wohnzimmer, um die frischgefaltete Zeitung zu bringen. «Du hast dem Zeitungsjungen die Tür aufgemacht, als ich im Badezimmer war.»

«Nein, das war doch gestern.»
Aufgeregt versuchten sie, einen ereignislosen Abend von dem andern zu unterscheiden. Manchmal öffneten sie dem Zeitungsjungen die Tür, manchmal schob er die Zeitung durch den Schlitz des Briefkastens.
«Ach laß, es ist ja gleichgültig!»
Ohne auf den Lift zu warten, rannte Laddy nach unten, Dolly hintendrein. Sie stürmten durch die großen Drehtüren zur Auffahrt, und es gab einen Augenblick von Sommerabendsüße mit einer singenden Amsel, ehe Reifen quietschten und eine Autotüre zuschlug. Dann war Stille. Selbst die Amsel hatte mitten in ihrer Strophe aufgehört.
Der Wagen war ein blauer Renault, und der Mann war zu einer Party in Wohnung 63 gekommen. Er erhob sich vor dem Auto von den Knien und hielt Gershwin wie einen kleinen Teppich in den Händen.
«Ich konnte gar nichts machen ...» Er war groß, und seine Stimme erinnerte an ein entsetztes Kind. «Ich hatte schon gebremst, aber er rannte direkt unter die Vorderräder.»
Mit grauem Gesicht nahm Laddy Gershwin auf seine ausgestreckten Arme und schwankte davon. Er merkte, wie Dolly keuchte und den bewegungslosen Körper zu berühren versuchte.
Ohne ein Wort an den Fahrer oder zueinander trugen sie ihn in die Wohnung zurück und legten ihn zärtlich auf den Küchentisch.
Da war keine Bewegung, kein Ton. Er schien zu schlafen, bloß seine Augen, lebhaft grün wie immer, standen noch halboffen.
«Gerschi, oh, kleiner Gerschi ...»
«Ruf den Tierarzt an, ruf an ...»
«Was hat man dir angetan, mein Junge?»
Keine Bewegung, kein Ton. Ein weicher, noch warmer Körper, umhüllt von glattem Fell. Hilflos tastete Laddy zwischen den Vorderpfoten nach dem Herzen, aber er fand es nicht.
«Künstliche Beatmung!» Dolly versuchte, einen zitternden rot-

lackierten Fingernagel zwischen die Kiefer zu schieben, bückte sich und blies in das zierlich kleine, rosafarbene Näschen. So belämmert Laddy war, dies schien ihm Unsinn.
«Nicht», sagte er rauh. «Kannst du nicht sehen, daß er tot ist?»
Sie schluchzte tief auf, und sie standen Schulter an Schulter und sahen zu, wie das Licht aus dem grünen Silber in Gershwins Augen schwand. Es war, als würde es Nacht.
«Er ist wirklich gestorben», sagte Dolly ungläubig, und obwohl ihnen Tränen über ihre Wangen liefen, war es entsetzlich schwer, sich zu bewegen oder auch nur zu denken.
«Komm jetzt», brachte Laddy schließlich hervor und trocknete Dollys Gesicht ungeschickt mit dem Geschirrtuch. Es war die erste Berührung zwischen ihnen seit Weihnachten, als er sie aufs Ohr geküßt und ihr eine Flasche Badeöl geschenkt hatte. Willenlos ließ sie sich von ihm ins Wohnzimmer führen und versuchte sogar, ein wenig Cognac zu schlucken, als er ein Glas gegen ihre Lippen preßte.
«Er ist tot. Eben war er noch lebendig, und jetzt ist er tot.» Sie sagte es mit monotoner Stimme, wie in Trance.
«Ich kann es nicht fassen», sagte Laddy gebrochen. «Ich werde das noch in Jahren nicht fassen können ...»
Jeder trank zwei Gläser Cognac, bevor es ihnen möglich war, in die Küche zurückzugehen und das Schreckliche, den toten Gershwin auf dem Tisch, anzusehen. Aber da lag er, und die Todeskälte fing bereits an, die warme, geschmeidige Schönheit auszulöschen, um die herum zwei private Welten alternder Menschen gebaut gewesen waren.

Dolly wollte ihn unter einer Silberbirke im Garten begraben und war entrüstet und wütend, als die Erlaubnis mit der Begründung verweigert wurde, wenn alle Mieter ihre Haustiere im Garten begraben wollten, würde das gesundheitsgefährdend. Dann erfuhren sie, daß es in Golders Green einen Tierfriedhof gab, wo sie Gershwin in einem den Katzen reservierten Bereich zur Ruhe betten konnten. Die Hunde-Ecke war geziemend weit weg, und

ungewöhnlichere Geschöpfe wie Meerschweinchen und Papageien lagen in einer Ecke beim Eingangstor.
Die schaumgummigepolsterte Kiste kostete sie fünfzehn Pfund und der kleine Grabstein mit eingraviertem Namen nochmals fünfundzwanzig Pfund, aber er ruhte nun wenigstens, wo es schön und friedlich war, und der Gedanke tröstete sie.
Als sie von der Beerdigung heimkamen, sahen sie sich Gershwins Körbchen, seinem Halsband, seiner Leine und seinen Näpfen gegenüber. Sie versteckten das Körbchen, aber der leere Raum, den es hinterließ, war so erinnerungsträchtig, daß sie es wieder hinstellten, obschon sie es möglichst nicht ansahen.
«Es ist alles so leer ohne ihn.»
«Du hast immer noch mich», sagte Laddy in einem Versuch, zu scherzen. Sie saßen da und schauten einander zweifelnd an.
Zur Teezeit ging Laddy in die Küche und belud das Tablett; er zuckte zusammen, als seine Hand automatisch nach Gershwins Napf langte. Er schnitt zwei große Stück Apfelkuchen ab.
«Sie sagten, wir könnten immer kommen, wenn wir wollten», sagte Dolly. Sie saß in ihrem Stuhl; die Schuhe hatte sie ausgezogen. «Sie sagten, ihnen gefalle es, wenn die Leute jederzeit dorthin gingen, um mit ihren kleinen ...» Ihre Augen füllten sich mit Tränen.
«Wir gehen ihn jede Woche besuchen. Zweimal jede Woche, wenn du möchtest.»
Schniefend goß sie den Tee ein, und sie saßen beide da und schauten den leeren Fleck auf dem Boden zwischen ihnen an, wo Gershwins Napf gewöhnlich gestanden hatte. Sie wußten nicht, was sie mit dem Rest ihres Lebens anfangen sollten.
«Viele Mieter haben mich angesprochen und mir gesagt, wie leid es ihnen täte. Sie sagten alle, es werde ihnen etwas fehlen, wenn sie mich nicht mehr mit ihm auf unserem kleinen Spaziergang im Garten sähen.»
«Manchmal ging ich auch mit ihm», sagte Dolly. «Ich ging sehr gerne mit ihm, wenn du mich gelassen hast.»
«Ich habe dich nie daran gehindert. Du hast immer gesagt, du könntest nicht gehen wegen deiner Füße.»

«Ich habe einen sehr hohen Rist.»
«Trink deinen Tee», sagte er, «und iß den Kuchen.»
Sie versuchte es und schob dann den Teller weg. «Ich kann nicht. Ich habe das Gefühl, zu ersticken.»
Eine Stille folgte, und Laddy drehte sich um und schaute aus dem Fenster. Die Silberbirken wiegten sich im sanften Wind.
«Wir müssen uns zusammenreißen», sagte er. «Das Leben geht weiter.»
«Klingt wie früher», sagte Dolly matt. «Clowns mit gebrochenen Herzen und all das.»
«Es erinnert mich an einen Slow Fox», sagte Laddy und begann vorsichtig, mit brüchiger Stimme einen zu summen.
«Iß deinen Kuchen und trink deinen Tee.»
«Ich kann nicht», sagte er. «So wenig wie du.»
«Dann hör wenigstens mit dem dummen Gesumme auf.»
Die nächste Stille dauerte fünf Minuten und wurde nur vom Knirschen von Laddys Knie unterbrochen, als er aus seinem Stuhl aufstand. Er ging zur Hausbar und kam mit einer Flasche Cognac und zwei Gläsern zurück.
«Wozu soll das gut sein?»
«Für uns. Wenn wir keinen Tee herunterkriegen, müssen wir etwas anderes finden.»
Dolly schaute zweifelnd drein. «Das tranken wir am Tag, als er ..., als er ...»
«Als er starb. Ja, ich weiß.» Laddy goß zwei Gläschen ein und reichte ihr eines hinüber. «Trink aus. Es wird uns über das Schlimmste hinweghelfen.»
Sie saßen da und lauschten dem fernen Gebrumm von der Umfahrungsstraße her.
«Als ich klein war, hatte ich ein Kaninchen», sagte Dolly mit ruhigerer Stimme. «Der Hund des Nachbarn erwischte es.»
«Das war schlimm.» Laddy schaute sie plötzlich aufmerksamer an. «Hat dein Vater nicht reklamiert?»
«Er war nicht da.»
«Er war häufig fort, nicht wahr?»

«Das ist nun einmal so mit Handlungsreisenden.»
«Ja, eben. Mein Vater war Herrenschneider und mußte auch viel arbeiten. Vor den Rennen in Ascot schlief er überhaupt nicht mehr.»
«Du redest, als ob ich ihn nie gekannt hätte. Er war bei unserer Hochzeit und bei Joes Taufe, aber ich glaube, er mochte mich nicht.»
«Er mochte dich sehr.»
«Manchmal habe ich das Gefühl, niemand möge mich besonders leiden.»
«Ich mag dich gut leiden», sagte Laddy. Dann seufzte er schwer, als ihm in den Sinn kam, daß er um diese Tageszeit stets mit Gershwin spazierengegangen war.

Allein zu gehen, schien ihm zwecklos. Er goß jedem noch mal Cognac ein. Das Sommerlicht verblaßte, und einsame Schatten sammelten sich in der Zimmerecke.
«Ich wollte, du hättest mich weiter singen lassen«, sagte Dolly. «Ich hatte eben erst angefangen, als ich aufhören mußte.»
«Du hast geheiratet.»
«Deswegen hätte ich trotzdem singen können.»
«Dann kam Joe. Was hättest du mit ihm gemacht?»
«Heutzutage sind Frauen berufstätig, auch wenn sie Mann und Kinder haben. Wieso wäre das damals nicht gegangen?»
«Damals war alles anders. Damals sorgten die Männer für ihre Frauen.»
«Du hast unter deiner Klasse geheiratet», sagte Dolly. «Deswegen behieltest du mich im Hintergrund.»
«Quatsch. Zwischen einem Handlungsreisenden und einem Herrenschneider ist doch kein Klassenunterschied.»
«Nein, aber du warst Laddy Silver, nicht wahr?»
«Laddy Silver.» Er hob die Hände und strich mit plötzlicher Bitternis über die Haarkringel, die sich auf seinem Schädel noch zu halten suchten. «Wer zum Teufel war Laddy Silver?»
Ohne zu antworten, erhob sich Dolly von ihrem Stuhl und ging

ins Schlafzimmer. Er hörte das Knarren von Schranktüren, dann kam sie mit einem schweren Lederkoffer zurück, der mit Hoteletiketten vollgeklebt war. Sie stellte ihn zwischen ihnen auf den Boden und setzte sich, etwas außer Atem, daneben. Die Schlösser klickten, und sie kramte im offenen Koffer herum.

«Laß das», sagte Laddy.

«Das war Laddy Silver», sagte sie und legte ein Foto auf seinen Schoß. Der Mann darauf hatte dichtes schwarzes Haar, das wie ein nasses Dach glänzte, und eine weiße Schmetterlingskrawatte auf tadellosem Hemd; in den schön manikürten Fingern hielt er ein Zigarettenmundstück.

«Als ich meiner Mutter sagte, wir würden heiraten, fragte sie, was dahinterstecke. Warum heiratet er dich, wenn er eine junge Dame aus der Gesellschaft haben könnte? Ich sagte, ich wüßte es nicht, und sie riet mir aufzupassen. Ein Mann in seiner Stellung würde nicht ohne Berechnung ein Mädchen wie mich heiraten.»

«Du warst klein und schmal, mit großen Augen, und du konntest singen wie keine andere außer Ella», sagte Laddy. Er beugte sich vor und zog eine Handvoll Reklamefotos heraus, alte Tanztee-Programme und ein Foto des Orchesters, das vom Deck der *Queen Mary* herunterwinkte.

«Es tut weh», sagte er, als er sie durchsah. «Es hat keinen Sinn, sich vorzumachen, es tue nicht weh.»

«Wir haben sie seit Jahren nicht angeschaut», sagte Dolly. «Das letzte Mal war, als Joe einer Jazzgruppe beitrat.»

«Der kleine Joe», sagte Laddy. «Weißt du noch, wie ich ihm Schlummerlieder spielte?»

«Ich weiß noch. Er war der einzige Mensch, auf den ich nicht eifersüchtig war.»

«Du hattest nie Grund zur Eifersucht. Ich habe immer nur dich geliebt, und zum Beweis kleidete ich dich in Nerz, stimmt's? Nerz von Kopf bis Fuß.»

«Aber all die Frauen, die dich nie in Ruhe ließen. Damen der Gesellschaft, die dir goldene Zigarettenetuis gaben, die vor dem

Hotelzimmer warteten und mich haßerfüllt anschauten, wenn ich statt dir herauskam ...»

Sie saß am Koffer und rieb die Wölbung ihrer Waden; sie hatte nicht bemerkt, daß er den Raum verlassen hatte, bis die ersten Töne der Musik durch die offene Tür drangen. Er kauerte auf dem Bett, und sein Tenorsaxophon fing den letzten Lichtschimmer ein. Er hatte seit Jahren nicht gespielt, und die erste pröbelnde Tonleiter klang heiser und zögernd. Dann aber war es, als ob der Mond hinter Wolken hervorkäme; die Musik stieg klar und silbersüß auf.

Sprachlos und schwankend erhob sie sich und stand gegen die Schlafzimmertür gelehnt, ihr Gesicht blind der Musik entgegengeneigt. Er spielte das Schlummerlied für den kleinen Joe, mit Tönen wie Seufzer, und dann ging er zu Melodien über, die noch immer den Charme der Smokings im Savoy, im Dorchester und im alten Trocadero hatten.

Sie sang mit ihm, aber nur im Geist. Als die letzte Melodie nur noch ein bittersüßes Echo im Raum war, öffnete sie die Augen wie jemand, der aus einem langen Schlaf erwacht.

«Das war Gershwin», sagte sie.

«Ich weiß», sagte er und legte das Saxophon sorgfältig in seinen samtgefütterten Behälter. «Es sollte zu seinen Ehren sein.»

Sie ging zu ihm, und er öffnete die Arme. Auf dem Bett sitzend, reichte er ihr nur bis zur Brust, und sie küßte mit plötzlicher Leidenschaft den knochigen Schädel mit seinen armen Haarkringeln.

Sie fielen rückwärts, seitwärts, weinten über Gershwin und lachten, weil alles so verrückt war und sie gar nicht sicher waren, ob sie es noch konnten.

«Hör, Liebes», sagte Laddy am nächsten Tag. «Neuigkeiten.»

«Hm?»

Sie aßen in ihren Bademänteln Frühstück, was sie seit Jahren nicht getan hatten. Die Stimme der Amsel erklang durch das offene Fenster.

«Wir reisen nach Kanada und besuchen Joe. Wir rufen ihn heute abend an. Wir finden bestimmt einen Billigflug, und jetzt, wo wir ..., wo wir keine Verpflichtungen mehr haben ...»
«Jetzt, da Gershwin tot ist», sagte sie mit trockenen Augen.
«Jetzt, wo wir frei sind, was hindert uns daran? Schließlich ist Joe unser Kind. Unser wirkliches Kind ...»
«Wenn er uns aber nicht brauchen kann? Vielleicht ist er mit einer Frau zusammen.»
«Ach was.» Eifrig bestrich er seinen Toast mit Butter. «Ihr Frauen denkt immer an andere Frauen. Also, vielleicht ist eine Frau bei Joe – er ist schließlich fünfunddreißig Jahre alt und ein Mann –, aber was hat das damit zu tun, daß seine armen alten Eltern ihn besuchen?»
Die Jahre fielen von ihnen ab; Joe war in ihren Gedanken zuoberst, ähnlich wie Laddy, ohne es zu merken, in seine Tanzkapellen-Tage zurückgeglitten war. Er schaute Dolly in ihrem Bademantel aus weißem Frottiertuch, mit ihren rosasilbernen Löckchen an und nannte sie eine süße Puppe.
Ihre Begeisterung für eine Reise nach Kanada wuchs, und nach noch mehr Kaffee und Toast fanden sie, es wäre albern, Joe die guten Nachrichten nicht sofort mitzuteilen. So riefen sie ihn an und vergaßen ganz, daß es für ihn drei Uhr morgens war.
«Joe, he, Joey – hier ist Daddy. Hier ist dein alter Papa.»
«Lieber Gott, England», sagte eine verschwommene Stimme. «Was ist passiert?»
«Nichts ist passiert», schrie Laddy. «Aber deine alten Eltern wollen dich besuchen. Wir können jederzeit kommen, sag also nur, wann.»
Sie sprachen fünfzehn Minuten, während derer Joe aufwachte. Er sagte, er werde sich freuen, sie zu sehen, aber sie sollten nicht erwarten, daß alles noch wie früher sei, als er auswanderte. Er war jetzt ein erwachsener Mann, und vieles hatte sich verändert.
«Natürlich!» rief Dolly. Sie lehnte über Laddys Schulter und schrie, daß ihm fast das Trommelfell platzte. «Bei uns hat sich

auch viel verändert, aber wir sähen dich so gerne einmal, Joe baby ...»
Als das Gespräch beendet war, schauten sie einander mit glücklichen Tränen in den Augen an. Dann rasierte sich Laddy und zog sich an, um eine Reiseagentur aufzusuchen, und Dolly wusch das Frühstücksgeschirr und staubte ein bißchen ab.
«Ich finde immer noch, es ist ein Risiko», sagte sie, als er mit einer Handvoll farbiger Reiseprospekte zurückkehrte. «Wir haben Joe nicht mehr gesehen, seit er zweiundzwanzig wurde.»
«Und wir werden an seinem Geburtstag am 5. September bei ihm sein», sagte Laddy.
Sie setzten sich und planten Einzelheiten.
«Wir werden im Nachsommer dort sein, und du wirst ihm einen Geburtstagskuchen backen. Ich wette, er hat keinen anständigen Kuchen mehr geschmeckt, seitdem er von zu Hause weg ist.»
«Was ziehe ich bloß an? Ich werde ihm so alt vorkommen..»
«Du wirst ihm gefallen», sagte Laddy. «Grad wie du mir gefällst.»
Wenn er mich nur so lieben könnte wie als kleiner Bub, dachte sie. Sie konnte ihn so klar sehen, selbst ohne die Augen zu schließen.
Sie buchten den Flug, kontrollierten den Stand ihres Bankkontos und lachten ungläubig über ihre alten Paßfotos. Dann setzte sich Laddy hin, um einen langen Brief zu schreiben, in dem er Joe viele, viele Dinge erzählte und erwähnte, wann sie kommen würden.
Die Türglocke ging, als Dolly im Schlafzimmer ein altes Abendkleid probierte. Durch viele Lagen flammenfarbigen Chiffons hindurch hörte sie, wie Laddy zur Tür ging. Ein undeutliches Gespräch folgte. Die fremde Stimme war die einer Frau, und Dollys Kopf tauchte aus dem Chiffon gerade rechtzeitig auf, um zu hören, wie sie sagte: «Es ist wie ein Wink des Schicksals.»
Lautlos ging sie in Strümpfen durchs Wohnzimmer und blieb plötzlich stehen. Die kleine Dingsda, in Jeans und T-Shirt, stand nahe bei Laddy und strich mit etwas, das sie in gewölbten Händen hielt, über seine Wange.

«Sie sagt, jemand fand es beim Maudesley-Spital», sagte er hilflos. «Und sie will es uns schenken.»
Sprachlos schaute Dolly zu, wie das Mädchen das kleine Kätzchen auf Laddys Schulter setzte. Sie sah, wie es aufstand, einen winzigen Buckel machte und mit heller Stimme miaute.
«Es geht aber nicht», hörte sie Laddy sagen.
«O Mr. Silver, es muß gehen! Über den Verlust eines Haustieres kommt man doch nur hinweg, wenn man zur Erinnerung wieder eines anschafft.» Ihr lächelndes dummes Gesicht strahlte ihn beschwörend an. «Wenn Sie es nicht nehmen, muß es getötet werden.»
«Schon, aber ...»
«Ich weiß, Sie werden es ebenso lieben wie die andere», sagte sie, schwenkte grüßend die Hand zu Dolly hinüber und fügte hinzu: «Ich finde schon allein zur Tür hinaus.»
Das Kätzchen schwankte unsicher auf Laddys Schulter und schrie immer noch. Sorgfältig löste er die Krallen von seinem Hemd und schaute zu, wie es in seinen hohlen Händen ein Plätzchen zu finden versuchte.
«Es würde nichts ändern», sagte er schließlich. «Wir könnten trotzdem reisen.»
«Natürlich ändert sich etwas», sagte Dolly. «Du hast doch gehört: Es wird getötet, wenn wir es nicht behalten.»
«Wir könnten es in ein Tierheim geben.»
«Nein, dann bekäme es Flöhe und dergleichen.»
«Aber was ist mit Joe?»
«Wir fahren nicht», sagte sie.
Er schaute auf und in ihre anklagenden Augen. Es war die alte, alte Anklage aus den Tagen der eleganten Damen, die ihm goldene Zigarettenetuis schenkten und an der Hoteltüre warteten.
«Es ist doch nur ein hilfloses kleines Kätzchen», sagte er. «Und sie wollte es uns beiden schenken.»
«Leg es in Gershwins Körbchen; ich wärme etwas Milch.»
Aber das Kätzchen war vertrauensvoll in seinen Händen einge-

schlafen, und so saß er still auf der Armlehne, bis sie zurückkam. Sie sah in dem alten Abendkleid, das viel zu eng und von schreiender Farbe war, schäbig und zerzaust aus.
«Halt es nicht so, es kann ja nicht atmen.»
«Aber wir wollen doch nicht wieder eine Katze!» rief er in plötzlicher Verzweiflung aus. «Bei Gott und allen Heiligen, wir wollen nicht wieder eine!»
Sie stellte die Milch auf den Boden und nahm entschlossen, besitzergreifend das Kätzchen aus seinen Händen.
«Das haben wir bei Gershwin auch gesagt», sagte sie. «Weißt du noch?»

9 Die Laborkatzen

Mark Ronson

Mit einem Seufzer der Erleichterung erspähte Isobel, als sie an einer Kreuzung bremsen mußte, den halbversteckten Wegweiser. Auf seinem rechten Arm konnte sie bloß das Wort «Spadeadam» ausmachen, und dankbar lenkte sie ihren kleinen Nippon-Leyland auf die nordwärts führende Straße. Mit etwas Glück würde sie zur Besprechung mit ihrem neuen Chef noch zur rechten Zeit eintreffen.

Die Fahrt von London her war ermüdend gewesen, und nachdem sie die Autobahn verlassen hatte, hatte sich Isobel im wilden, weiten Grenzland verirrt, eine falsche Richtung gewählt und war kleinen, gewundenen Sträßchen gefolgt, die offenbar nirgendwohin führten. Ihre Straßenkarte zeigte so kleine Details nicht; hingegen war ihr Bestimmungsort rot umrandet und mit *Gefahrenzone* angeschrieben. Ein großes Gebiet, das einst «Spade Adam Waste» geheißen hatte, war nun unzugänglich und gehörte dem Verteidigungsministerium. Man hatte dort Blue-Streak-Raketenmotoren getestet, aber als England seine Ambitionen im Weltraum aufgab, wurde das Gebiet Schauplatz weniger spektakulärer, dafür geheimerer Forschung.

Als Isobel mit dem Wagen das Irthingtal hinter sich ließ, sah sie unter sich die zerstreuten Häusergruppen des Dorfes Gilsland. Nachmittagsrauch aus den Kaminen stieg in die Luft, und sie fragte sich, in welchem der Häuser sie wohnen würde. Sie blickte nochmals auf die Uhr und trat automatisch aufs Gaspedal. In seinem ziemlich förmlichen Brief hatte Dr. Swan geschrieben, daß er sie um sechzehn Uhr erwarte. Es würde sich so untüchtig ausnehmen, wenn sie zu spät kam, weil sie sich verfahren hatte. Im Augenblick befand sie sich in zu großer Spannung, um die kumbrische Landschaft, die sich unter ihr ausdehnte, zu würdigen, aber sie fühlte schon, daß sie hier nach dem Leben in der

Hauptstadt Ruhe finden würde. Und in diesen Tagen des Personalabbaus hatte sie Glück, eine solche Anstellung gefunden zu haben.

Plötzlich rasselte das Auto über ein in die Straße eingelassenes Viehgitter. Tafeln warnten ahnungslose Autolenker vor der Weiterfahrt, und eine Minute später hielt sie vor einer gestreiften Barriere an.

Ein Wachmann des Verteidigungsministeriums tauchte aus einer weißen Hütte auf und schaute sie fragend an.

«Ich bin mit Dr. Swan verabredet», sagte sie, als sie das Fenster hinunterkurbelte und die beißende Herbstluft einsog. «Ich bin ...»

«Grantham, Isobel», sagte er und hielt ihr sein Notizbuch hin. «Tragen Sie sich bitte ein.»

Als sie sich mit sauberer Handschrift eintrug, schaute er sie interessiert an. Jedes neue Gesicht beim Personal war willkommen, und ihr langes blondes Haar war recht anziehend, auch wenn es zu ihrer übrigen Erscheinung, die eher an eine Schullehrerin erinnerte, in Widerspruch stand. Er beschloß, sie in ein paar Tagen zu einem Drink ins *Samson* einzuladen. Diese stillen Typen erwiesen sich oft als recht zugänglich ...

«Gut», sagte er und nahm sein Buch zurück. «Nehmen Sie die mit R-1 bezeichnete Straße durch den Tannenwald. Die Räume des Doktors sind etwa eine Meile entfernt, und wenn ein verdammt großer Panzer entgegenkommt, fahren Sie auf die Seite. Hier ist allerhand los, seitdem der Kalte Krieg wieder kälter wird.»

«Ja», sagte Isobel, «man muß sich schon Sorgen machen. Der Krieg im Mittleren Osten scheint schlimmer zu werden.»

«Es kommt, wie es muß», sagte die Wache fröhlich.

Isobel folgte den Schildern durch einen künstlichen Wald; sie fuhr, so rasch sie sich getraute, und fürchtete bei jeder Kurve, sich einem rasselnden Stahlungeheuer gegenüberzusehen. Aber außer Rotwild sah sie nichts, und sie war nur um fünf Minuten verspätet, als sie auf dem Parkplatz vor einem großen Betonblock hielt, der sie an einen Bunker erinnerte. Er war eintönig grau bis auf eine rote Schrift: «Strahlungsforschungs-Institut – Zutritt für Unberechtigte streng verboten». Darunter hatte ein Humorist gekritzelt: «Ihr, die ihr hier eintretet, laßt alle Hoffnung fahren.»

Dr. Swan schaute von seinem ordentlich aufgeräumten Pult zu seiner neuen technischen Assistentin auf. Er war auf eine ältere Frau gefaßt gewesen. Ohne Brillengläser sah sie recht gut aus, besonders mit diesem langen weichen Haar. Sie würde sicher angenehmer sein als Davidson, dessen Pensionierung er keineswegs bedauerte. Vielleicht war es doch nicht so schlecht, an dieser Stelle eine Frau zu haben. Er erhob sich, unsicher, ob ihr dies gefallen oder mißfallen würde.
Isobel sah einen jüngeren Mann mit zurückweichender Haarlinie, der sich ungeschickt hinter seinem Schreibtisch erhob. Sie hatte jemand Älteren erwartet, jemand wie ein Professor, und sie errötete beinahe, als er ihr die Hand gab und sagte: «Willkommen in unserem kleinen Team. Möchten Sie Tee nach Ihrer langen Fahrt?»
«Wenn es Ihnen keine Umstände macht.»
«Zucker?»
«Nein, danke.»
«Biskuits?»
«Ja, danke.»
«Bitte.»
Es folgte eine lange Pause.
«Sie haben also im Crystal Palace gearbeitet. Da wird interessante Forschung betrieben.»
«Ja. Ich arbeitete mit Hunden im Genetik-Laboratorium.»
«Hier haben wir Katzen.»
«Oh, gut. Ich liebe Katzen ...»
Wie dumm von ihr! Die Worte waren ihr entfahren, bevor sie sie zurückhalten konnte. Als gute Laboratoriums-Technikerin durfte sie für ihre Versuchstiere keine Gefühle haben. Sentimen-

tale standen im Verdacht, plötzlich Gewissensnöte zu bekommen und den Tierschutzorganisationen Propagandamaterial zu liefern. Dann – es war wie ein Wunder – lächelte Dr. Swan und sagte: «Ich auch. Meine Mutter züchtet Burmakatzen.»
Das Teetablett wurde von einer Ordonnanz in Armeeuniform hereingetragen. Isobel sah erstaunt aus, und Dr. Swan erklärte: «Hier haben wir militärische Sicherheitsvorkehrungen Tag und Nacht. Und da wir vom Hauptblock etwas entfernt sind, haben wir hier eine Armeekantine für uns. Sie werden sich rasch an die Vorsichtsmaßnahmen und an die Isolation gewöhnen – wenigstens werden wir nicht von Protestgruppen belästigt. Unser Institut ist eins der bestgehüteten Geheimnisse seit Pearl Harbour ...» Er lachte. «Deshalb wurde Ihre Eignung so sorgfältig abgeklärt.»
«Ich habe immer noch keine Ahnung, was hier geschieht.»
«Das hatte ich auch nicht, bis ich von Harwell effektiv hierhergebracht wurde», sagte Dr. Swan und bot ihr Schokoladenkekse an. «Das Experiment wird schon seit einer Anzahl von Jahren verfolgt. Es fing 1983 an. Ich bin seit fünf Jahren hier und habe immer noch das Gefühl, es habe manchmal Science-fiction-Charakter.»
Er lächelte sie kurz an, denn er wußte, daß er nicht den Anschein eines bestandenen Projektleiters erweckte, eines Wissenschaftlers auf seltenem, geheimem Gebiet.
«Wenn Sie nicht zu müde sind, skizziere ich für Sie, was wir hier versuchen, und dann können Sie ins Dorf gehen und sich bei Mrs. Barwick einquartieren. Morgen zeigen wir Ihnen den Bestrahlungsraum und geben Ihnen einen Begriff von unserer täglichen Tätigkeit.»
Sie neigte den Kopf auf eine Art, die er recht anziehend fand. Er preßte die Fingerspitzen zusammen und begann – wie er hoffte, entspannt – seinen Vortrag.
«Kennen Sie die schottische Mythologie? Was wir hier tun, nennt sich *Operation Taghairn.* Ein Kelte im Militärdepartement hat offenbar Humor.
Taghairn war ein ziemlich scheußliches Zauberritual, das in Schottland im Mittelalter und sogar noch später durchgeführt

wurde. Ich glaube, das letzte Auftreten ist im Anfang des siebzehnten Jahrhunderts belegt. Man röstete lebendige Katzen auf einem Spieß, bis ihr Leiden eine Meisterkatze herbeirief, die dann einen Wunsch gewährte, damit das Ritual abgebrochen wurde.»
«Wollen Sie damit sagen, wir rösten Katzen?» rief Isobel aus.
Dr. Swan lachte. Auf einem Notizblock zeichnete er eine Katze, die aus einem großen O und drei kleinen bestand, und fügte ein S als Schwanz hinzu. Das Projekt schien so unwahrscheinlich, daß er es stets schwierig fand, es zu beschreiben.
«Wir kochen keine Katzen, aber wir sind auf der Spur einer sehr großen Entdeckung», fuhr er fort. «Zwei Dinge passierten 1982, die zu unserem Projekt führten. Das erste war, daß ein deutscher Wissenschaftler die Unterwasserkrater des Vulcano im Mittelmeer untersuchte. Vulkanische Gase, die aus diesen Kratern strömten, erhitzten das umgebende Wasser auf über hundert Grad. Und in solchem Wasser fand Dr. Setter von der Universität Regensburg Bakterien, die bei 105 Grad Celsius lebten und sich vermehrten.
Dabei war nicht nur die Hitze höher, als man bisher für irgendeine Lebensform für möglich gehalten hatte, sondern es war auch kein Sauerstoff vorhanden – ja Sauerstoff tötete diese Bakterien sogar. Viele Biologen kamen deshalb zum Schluß, daß man neu definieren müsse, was unter lebenserhaltender Umgebung zu verstehen sei, und daß man von dem Glauben wegkommen müsse, was für uns wichtig sei, sei es auch für alle anderen Lebensformen. Gott weiß, was für lebende Organismen vielleicht in der tiefen Kälte des Alls schweben ...»
Isobel bemerkte, wie Dr. Swans Gesicht sich belebte, als er sich für sein Thema erwärmte.
«Die zweite Sache war, daß die damalige Regierung zum Schluß kam, ein Nuklearkrieg - mit nachfolgender Vernichtung allen uns bekannten Lebens – sei unvermeidlich. Vielleicht geschehe das nicht, solang wir lebten, aber früher oder später würde jemand auf den Knopf drücken. Also ließen wir uns vom neuen biologischen Denken inspirieren und beschlossen, die Möglichkeit zu untersu-

chen, lebendes Material so umzugestalten, daß es der Strahlung nach einem Nuklearangriff widerstehen kann.
Der Plan bestand darin, aufeinanderfolgende Generationen von Lebewesen immer höherer radioaktiver Strahlung auszusetzen. Zuerst versuchten wir es mit mehreren Arten höherer Säugetiere. Affen erwiesen sich als ungeeignet. Sie waren streßanfällig und starben eher aus psychologischen als aus physiologischen Gründen. Und die Hunde – nun, die Hunde haben nicht neun Leben wie die Katzen.»
Ob seinem kleinen Scherz vergnügt, überhörte Dr. Swan den ironischen Ton, als Isobel einwarf:
«Wir rösten Katzen also nicht; wir setzen sie bloß radioaktiver Strahlung aus.»
«Genau. Die Dosis wurde mit jeder Generation unmerklich erhöht, und die genetische Immunität wuchs. Wie erwartet, gab es ziemlich viele Verwerfungen und Mutationen, aber trotz alledem haben wir jetzt ein vollkommenes Paar, das gegen eine Strahlungsdosis resistent ist, die ein normales Tier sofort töten würde.»
«Heißt das, daß diese Katzengenerationen den Bestrahlungsraum nie verlassen haben?»
«Ganz richtig. Wir konnten sie nicht herausnehmen, weil sie radioaktiv und somit gefährlich sind.» Er lachte. «Es gibt ein Gerücht, daß sie, wenn die Lichter zur Schlafenszeit gelöscht werden, leise glühen.»
«Was für Monster haben Sie also da drin?» fragte Isobel.
«Ein Paar hübscher, normal aussehender Katzen. Alle Mutationen sind ausgemerzt worden. Sie sehen sicher, worin der Durchbruch besteht. Wir haben den ersten Schritt zu einer Rasse von Menschen getan, die nuklearen Strahlen widerstehen können, und ein Atomkrieg müßte nicht mehr unbedingt die ganze Menschheit auslöschen.»
«Ich verstehe jetzt, was Sie meinten, als Sie von Science-fiction sprachen.»
«Wir sind von diesem Ziel noch weit entfernt. Und wie die Lage

heute in Europa und im Mittleren Osten aussieht, haben wir vielleicht nicht mehr genügend Zeit. Gottseidank bin ich ein simpler Wissenschaftler, der sich mit Katzen und nicht mit Politik befaßt.»
«Nun begreife ich auch die Sicherheitsvorkehren und die Gründlichkeit, mit der meine Eignung abgeklärt wurde.»
«Sie können sich vorstellen, was geschähe, wenn unsere Forschungen bekannt würden. Die Russen würden zwar nicht erschrecken – ich glaube, sie haben ein ähnliches Programm mit Wassertieren –, aber unsere eigenen Leute. Denken Sie an die Forderungen, genetische Manipulationen seien einzustellen! Und stellen Sie sich vor, der Tierschutzverein versuchte, Strauß und Tiggy zu befreien!»
Ihn schauderte bei der Vorstellung.
«Aber das ist genug für heute. Folgen Sie doch bitte meinem Auto, dann führe ich Sie zu Mrs. Barwick.»

Am nächsten Morgen sah Isobel ihre Schutzbefohlenen. Dr. Swan wartete schon auf sie, als sie ankam. Er führte sie durch einen langen Gang in einen speziellen Sicherheitsraum, in dem sie Schutzanzüge überzogen.
«Wir betreten heute den Strahlungsraum nicht», erklärte er. «Dafür müßten wir uns anziehen wie Weltraumfahrer. Normalerweise füttern Roboter die Tiere und entfernen ihren Schmutz, der in Bleifässern nach Windscale gebracht werden muß. Jedes Tier hat einen Mikrosender unter der Haut, so daß wir seine Lebensfunktionen beobachten können.»
Er drückte einen Kontrollknopf, und eine schwere, bleiplattierte Türe glitt mit einem Zischen komprimierter Luft zur Seite.
«Schauen Sie sich unsere kleine Familie an.»
Isobel sah sich in einem langen, von Fluoreszenzlampen erhellten Laboratorium, dessen Wände mit elektronischen Geräten und Fernsehschirmen bestückt waren, auf denen Zahlen blinkten. Aus einem Computer-Schnelldrucker glitt ein endloser Papierstreifen in einen Drahtkorb.

Dr. Swan nahm ihn auf und studierte die Wellenlinien darauf, die den Lebensrhythmus der beiden Tiere hinten im Raum wiedergaben.
«Schauen Sie sie doch an, während ich hier kontrolliere», sagte er.
Als Isobel auf die strahlungssichere Glaswand zuschritt, fürchtete sie sich vor dem, was sie sehen würde. Was waren es wohl für Karikaturen, für die sie arbeiten sollte?
Beinahe lachte sie vor Erleichterung über den Anblick.
Hinter dem verbleiten Glas war ein großer Raum mit Kratzpfosten, einer alten karierten Decke, einem zerfledderten Teddybären und zwei Katzen. Ein schöner siamesischer Sealpoint-Kater schaute sie aus blauen Augen neugierig an, und im Hintergrund lag eine graue Tigerkätzin faul auf der Decke. Man sah, daß sie bald Junge haben würde.
«Du bist sicher Strauß», sagte Isobel zum Siamesen, als er sich erhob, ihr graziös entgegenging und sich freundschaftlich am Glas rieb. Isobel antwortete ihm, indem sie unwillkürlich ihre Seite der Glaswand streichelte.
«Ist er nicht prachtvoll?» fragte Dr. Swan.
«Warum heißt er Strauß?»
«Unser erster Direktor hatte die Gewohnheit, die männlichen Tiere nach Komponisten zu benennen. Der erste bestrahlte Kater hieß Mozart, sein überlebender Sohn Beethoven und so weiter.»
«Und die Kätzin?»
«Sie heißt Tiggy.»
Fasziniert von Isobels behandschuhten Fingern stellte Strauß sich auf die Hinterbeine und versuchte, sie mit seinen schokoladefarbenen Pfoten zu erreichen. Aus einem Lautsprecher hörte man sein ärgerliches Miauen, und zum erstenmal schien Isobel ihre Aufgabe zweifelhaft. Sie versuchte sich vorzustellen, wie Generationen von Tieren in dieser kleinen giftigen Welt gefangengehalten wurden. Es lag doch wohl kaum ein Nutzen für die Menschheit in diesem Forschungsprogramm, ein Nutzen, mit

dem sie vor sich die Experimente mit Tieren hätte rechtfertigen können. War es denn wichtig, daß das Leben nach einem Atom-Holokaust weiterging? Was für ein Leben – und in was für einer Welt?
Neben ihr beobachtete Dr. Swan eine große Wanduhr.
«Passen Sie auf», sagte er. «Die wissen es ganz genau.»
Tiggy sprang plötzlich auf die Füße, und ihr brüchiges Miau klang aus dem Lautsprecher. Strauß drehte sich von der Glasscheibe weg und lief mit ihr aufgeregt vor einer Schiebetür in der Wand auf und ab.
Die Schiebetür glitt zurück, und ein Tablett erschien, auf dem eine Schale Milch und zwei Näpfe mit Futter standen. Die Katzen stürzten sich darauf und begannen zu schlingen. Strauß knurrte ein wenig, als Tiggy ihm warnend die rechte Vorderpfote auf den Kopf legte, um ihn von ihrem Napf fernzuhalten.
«Kommen Sie, ich zeige Ihnen die anderen Laboratorien», sagte Dr. Swan.
Als sie gingen, ertönte das rauhe Geräusch, mit dem Tiggy ihre Milch aufleckte, über die Lautsprecher, und Isabel hatte plötzlich ein flaues Gefühl im Magen.

An Isobels zweitem Sonntag im Laboratorium fragte Dr. Swan sie, ob sie ihren freien Nachmittag mit ihm verbringen wolle; er würde ihr gern die Umgebung zeigen. Sie hoffte, nicht allzu deutlich verraten zu haben, wie willkommen ihr diese Einladung war. Und dann dachte sie bei sich: Ich will nicht heucheln und Spielchen spielen. Ich mag Dr. Swan sehr gut leiden. Warum soll ich das verstecken?
Ihm gefiel es, daß sie so rasch annahm. Die letzten Tage hatten sie einander nähergebracht, nicht nur wegen der Spannung, die Tiggys bevorstehende Niederkunft mit sich brachte, sondern weil ihnen auch klargeworden war, wieviel sie gemeinsam hatten. Beide waren schüchtern, aber beide fühlten sie, daß sie jemanden gefunden hatten, dem sie sich mitteilen konnten.
Nach dem Mittagessen fuhren sie ein paar Kilometer weit nach

Gelt Woods – einem ihm lieben schönen Fleck –, und bald wanderten sie auf einem Teppich aus welkem Laub neben einem Bach, der zwischen Böschungen aus Farn und roten Felsblöcken dahinmurmelte. Und sie empfanden es als die natürlichste Sache der Welt, daß er, als ihre Hände einander zufällig berührten, ihre Finger fest umschloß.

Sie redeten über Unwichtiges, über Erlebnisse bei ihrer früheren Arbeit, über ihre jetzigen Kollegen, und, unvermeidlich, über ihre Kindheit und die Entdeckung, daß beide darunter gelitten hatten, Einzelkinder zu sein.

Sie setzten sich auf einen Baumstamm an das sich kräuselnde Wasser. Strahlen blassen Sonnenlichts fielen auf sie durch das Gewirr der Zweige hoch oben, und irgendwo sang ein Vogel, als hätte die Natur nichts von der modernen Welt zu befürchten.

Plötzlich wandte sich Isobel zu Dr. Swan, der ihre beiden Hände hielt.

«Ich muß Ihnen etwas gestehen», sagte sie.

O Gott, jetzt erzählt sie mir, sie sei verheiratet, dachte er.

«Ich habe mich stets bemüht, meiner Arbeit gegenüber objektiv zu sein. Ich habe zwar Tiere gern, aber ich fand es nie schwer, den Laboratoriumstieren gegenüber eine wissenschaftliche Haltung einzunehmen.»

«Und jetzt?»

«Es geht um Strauß und Tiggy. Mir kommt immer mehr vor, daß das, was man mit ihnen macht, obszön ist – ja, obszön! Sie sind auf ewig dazu verdammt, in einem Raum voll reinem Gift zu leben. Mich beunruhigt – ich muß das sagen –, daß Sie das nicht so empfinden.»

Sie zog ihre Hände zurück und schaute ihn herausfordernd an.

Er wählte seine Worte sorgfältig, als er antwortete: «Ich verstehe, was Sie sagen wollen. Wir wären nicht Menschen, wenn uns nicht manchmal bei Dingen, die uns wichtig sind, die Gefühle überwältigten. Sie befinden sich in einer neuen Umgebung, und offensichtlich finden Sie das Experiment verblüffend ...»

Und ich habe bei mir Gefühle entdeckt, die ich nicht für möglich gehalten hätte, ergänzte sie im stillen.
«Aber die Katzen leiden nicht. Ihre Vorfahren taten es wohl, aber das ist vorbei und wir können nichts mehr dagegen tun. Ich wäre sehr unglücklich, wenn Sie mich als ..., wenn Sie dächten, ich sei gefühllos.»
«Es passierte, als ich zum erstenmal im Strahlenschutzanzug und mit dem Helm in den Katzenkäfig ging. Nachdem ich Tiggy untersucht hatte, kam Strauß und sprang auf meinen Schoß, und als ich ihn streicheln wollte, konnte ich wegen der Schutzhandschuhe sein Fell nicht spüren.»
«Aber da ist doch sicher noch mehr, was Sie bedrückt», sagte Dr. Swan vorsichtig. «Schließlich sind Sie doch an Laboratoriumsbedingungen gewöhnt.»
«Aber nicht an solche. Sie kommen mir vor wie das scheußliche Zauberritual, von dem Sie mir erzählten. Dennoch, Sie haben recht. Strauß zu halten und ihn nicht fühlen zu können, schien mir wie ein Abbild meines Lebens. Ich – ich sehe Leben rund um mich, aber irgendwie habe ich es noch nie ergreifen können. Sie müssen glauben, ich sei verrückt.»
«Aber gar nicht.» Er hob behutsam ihre Brille weg, und einen Augenblick später umschlossen sie seine Arme.
«Ich weiß, was Sie meinen», sagte er. «Ich habe das Labor und eine Reihe von Katzen mit Komponistennamen zu meiner Welt gemacht, während die wirkliche Welt, das wirkliche Leben außerhalb von Spadeadam vor sich ging. Aber jetzt ...»
Er schwieg und küßte sie, und in der Nähe sang der Vogel ein Triumphlied.
Es war ein ganz verändertes Paar, das am Spätnachmittag nach Gilsland zurückfuhr. Selbst als der Ansager die Musik aus dem Autoradio mit der ernsten Nachricht unterbrach, russische Panzer würden an der ostdeutschen Grenze massiert, konnten seine Worte Isobels Lächeln innerer Glückseligkeit nicht wegwischen.

Als Isobel am Montag morgen beim Eingang hielt, sah sie, daß der Wachmann über seiner dunkelblauen Uniform einen Revolver trug.
«Wir haben schärfere Sicherheitsvorschriften», erklärte er entschuldigend. «Diese verdammten Russen. Was nützt ihnen das alles?»
Sie zuckte die Achseln und nahm ihre Identitätskarte an sich. Normalerweise interessierte sie sich für internationale Politik. Sie fand, das sei eines jeden Bürgers Pflicht. Aber heute war ihre Aufmerksamkeit nur auf sich selbst und ihre neuentdeckten Gefühle gerichtet. Ihr Atem ging hastig; sie fragte sich, wie es sein würde, ihn nach diesen wundervollen Momenten in Gelt Woods wiederzusehen.
Sie mußte einer Kolonne von Panzerwagen ausweichen, die mit kreiselnden geheimen Radarantennen auf ihren Stahlraupen vorbeikrochen. Ein Kantinengerücht besagte, sie würden in aller Eile über die Nordsee nach Deutschland geschickt. Aber das berührte sie nicht.
Sie parkierte wie immer und ging in den Überwachungsraum, um die Tagesarbeit mit dem Auswerten der Informationen zu beginnen, die die vielen elektronischen Geräte endlos über die Katzen lieferten.
«Ich glaube, Tiggy wird jeden Augenblick gebären», sagte ein Techniker, der eben seine Nachtschicht beendete. «Puls und Atem gehen schneller, und Strauß ist ungewöhnlich ruhelos.»
Dr. Swans Stimme ertönte aus dem Lautsprecher.
«Miss Grantham, kommen Sie bitte sofort in mein Büro.»
Es klang so zackig und förmlich, daß der junge Techniker Isobel mitfühlend zugrinste.
«Viel Glück», sagte er. «Man könnte meinen, er selbst bekomme Junge, so zappelig ist er in letzter Zeit.»
Isobel legte ihren Block nieder und ging eilends in das Büro des Direktors.
«Herein», sagte seine noch immer förmliche Stimme, als sie an die Türe klopfte. Aber sobald sie sich hinter ihr geschlossen

hatte, umarmte er sie stürmisch. Sie klammerte sich an ihn in aufbrandendem Entzücken, weil das gestrige Erlebnis kein seltsamer Wachtraum gewesen war.

«David», sagte sie.

Sie wurden schließlich von einem Klopfen unterbrochen, so daß sie schuldbewußt voneinander ließen.

«Herr Direktor, ich glaube, Sie sollten Ihren Schutzanzug anziehen», sagte ein Laboratoriumsassistent. «Bei Tiggy haben die Wehen begonnen.»

Ein paar Minuten später betraten Dr. Swan und Isobel, wie Raumfahrer gekleidet, die strahlengeschützte Schleuse, die in den Katzenraum führte. Die Isotope, die normalerweise für die gleichmäßige Aufrechterhaltung der Radioaktivität sorgten, waren mit Blei abgedichtet worden, aber dennoch mußten sie Luft aus mitgetragenen Zylindern atmen.

Sie fanden Tiggy auf der Seite liegend und heftig atmend. Strauß umkreiste sie, seine verrückten blauen Augen auf sie gerichtet, und sein charakteristisches Miauen ertönte in Isobels Kopfhörern. Dr. Swan zeigte auf ihn, und sie verstand. Sie hob das kaffee- und schokoladenfarbige Tier auf, während ihr Geliebter sich über Tiggy beugte.

«Es ist alles in Ordnung, Strauß», sagte sie besänftigend, aber vermutlich konnte er sie durch das strahlungssichere Plastiquartz nicht hören.

Auf ihrer Decke schien Tiggy Krämpfe zu bekommen. Dr. Swan hielt sie am Rücken, und mit bemerkenswerter Schnelligkeit erschienen ihre weißen, blinden Jungen.

«Sie scheinen in Ordnung zu sein», sagte er über Funk. «Zum erstenmal haben wir einen Wurf ohne Mutationen. Das bedeutet, daß das Experiment endlich gelungen ist.»

Isobel kniete neben ihm und schaute die vier winzigen Geschöpfe an, die schon gegen den Bauch der Mutter traten. Bevor sie ihn aufhalten konnte, sprang Strauß aus ihren Armen. Sie fürchtete, er könnte die Jungen verletzen, aber er half Tiggy bloß, sie sauberzulecken.

Sie verließen den Raum, als Blinklichter vor wieder ansteigender Radioaktivität warnten. Nachdem sie die Neutralisierungsduschen passiert hatten, traten sie zu ihren Kollegen am Fenster. Champagnerkorken knallten, und Trinksprüche wurden auf die neue Familie ausgebracht. Der Wein schien in Isobels Blut zu perlen, als sie zusah, wie Strauß ein Kätzchen neugierig, aber sanft anstieß, und als sie den glücklichen Ausdruck Dr. Swans im Glas reflektiert sah.

Die Feier wurde erst gedämpft, als jemand ein Transistorradio anstellte, um die Botschaft des Premierministers an die Nation zu hören.

Für Isobel folgten Tage geheimen Glücks – geheim, weil sie und David Swan ihr Bestes taten, ihre Liebe für sich zu behalten. Sie wußten nicht, daß sie sich so sehr verändert hatten, daß in der Kantine darüber gesprochen wurde.

Die Leidenschaft der beiden – denen man sie nicht zugetraut hatte – und das Gedeihen der Kätzchen ergaben beruhigende Gesprächsthemen, während die Nachrichten von draußen täglich größere Furcht erregten.

Auf Notsitzungen in der UNO folgten NATO-Erklärungen, und diese wurden durch noch heftigere Erklärungen der Warschau-Pakt-Nationen gekontert. Die Regierung lud die Führer der konservativen und der oppositionellen Labourpartei zu gemeinsamen Gesprächen ein. Die *Financial Times* notierte emporschnellende Goldpreise, nachdem Estland aufgestanden war und Frankreich beschlossen hatte, sich zur atomfreien Zone zu erklären.

Und unaufhörlich strömten Sowjetpanzer nach Ostdeutschland und flogen USAF-Supertransporter über den Atlantik. Dennoch galt im Strahlungsforschungs-Institut das Hauptinteresse dem Fortschritt Chopins, Bartoks, Mittens und Moppets, besonders als langsam die Zeichnung des Vaters ihr weißes Fell durchdrang.

Isobel verbrachte Stunden damit, sie durchs Fenster zu beobachten; sie filmte ihre Fortschritte mit einer Video-Kamera. Das Verhalten von Strauß interessierte sie besonders. Oft versuchte er, mit einem seiner Kinder zu spielen, und stieß sie dabei mit den Pfoten an, als wären sie sein Ball mit dem Glöckchen. Dann eilte jeweils Tiggy herbei – ihre Aufregung war im Monitor in Form heftiger Ausschläge sichtbar – und hob das Kätzchen am Nacken auf, um es in einer entfernten Ecke in Sicherheit zu bringen.

Eines späten Nachmittags, als die Kätzchen schon kräftig genug waren, um dem schokoladefarbigen Schwanz ihres Vaters nachzujagen, saß Dr. Swan allein in der Kantine und wartete auf Isobel. Vom Radio kam eine Wiederholung der Ansprache, die der Premierminister vor dem Unterhaus gehalten hatte. Er behauptete, wenn in Europa ein konventioneller Krieg ausbreche, bedeute das nicht notwendigerweise einen Atomkrieg.

«In meinem Herzen kann ich nicht glauben, daß eine der Supermächte zu Atomwaffen greifen würde, selbst wenn nichtatomare Waffen angewendet würden», sagte die sorgfältig intonierende Stimme. «Sie wissen, daß dies nur die automatische Zerstörung ihres eigenen Landes wie auch des fremden einleiten würde.» Die Parlamentarier schwiegen für einmal.

Als Isobel eintrat, sah Dr. Swan mit Freude, wie sehr sie sich verändert hatte, seitdem sie steif in seinem Büro gesessen hatte. Jetzt war ihr Gesicht lebendig, und sie trug eine tiefrote Schärpe um den Hals.

«Kaffee?» fragte er.

Sie schüttelte den Kopf.

«Tut mir leid, daß du warten mußtest. Ich habe so intensiv beobachtet, wie die Kätzchen zum erstenmal Milch zu lappen versuchten, daß ich die Zeit ganz vergaß. Daß wir die Bestrahlung um ein Millicurie erhöht haben, scheint ihnen nichts auszumachen.»

«Gehen wir ein wenig an die frische Luft», sagte er. «Man kann diese Treibhausatmosphäre überbekommen.»

Sie verließen das Gebäude zusammen, und er führte sie an einen

Ort, von dem aus man über das flüsternde Tannenmeer schauen konnte, das den größten Teil des Spadeadam-Areals bedeckte. Im Westen stand die Sonne tief hinter einer schwarzen Bank von Stratocumulus-Wolken; ihre goldenen Strahlen fächerten sich darunter und darüber wie auf einem Heiligenbild auf, dachte Isobel.

Jenseits des Dorfes Gilsland stieg das Hügelland zu den Penninen an. Die Kuppen der Umgebung trugen schwarze Spitzen aus entblätterten Bäumen.

Eine V-Formation von Fouga-Jets fegte der Römischen Mauer entlang und verschwand; ihr Donner folgte ihnen. Als er verstummte, hatte Isobel plötzlich das seltsame Gefühl, sie und David seien die einzigen Menschen auf der Welt.

«Isobel», hob er an und drehte sie zu sich herum – so daß ihren Augen die sofortige Zerstörung durch die Bombe erspart blieb. Aber obwohl sie in Erwartung seines Kusses die Augen geschlossen hatte, sah sie durch ihre Lider hindurch die Welt weiß werden. Sie hörte David schreien und fühlte, wie er in ihren Armen zusammensank. Die Strahlung hatte seine Augen schmelzen lassen; Schleim rann über sein Gesicht. Ihr Körper fühlte sich an, als hätte er Feuer gefangen, da nun die gleiche Strahlung sie durchfloß.

Das Seltsamste war, daß – außer fernen Schreien von Menschen, die wie David nach Süden geblickt hatten – eine große Stille über ihnen hing. Die Strahlung verbreitete sich mit Lichtgeschwindigkeit; aber es würde noch ein paar Minuten dauern, bis die Hauptwelle von der Bombe, die über Birmingham explodiert war, sie erreichte.

Isobel war sich schmerzhafter Veränderungen in ihrem Körper bewußt. Sie lag neben David und flüsterte: «Es ist bald vorüber, Lieber.»

Hinter den Händen hervor, die er auf sein Gesicht preßte, hörte sie ihn ein einziges Wort murmeln.

«Strauß.»

«Ja», sagte Isobel. «Natürlich.»

Langsam stellte sie sich auf die Füße und verließ ihren sterbenden Geliebten. Sie betete, daß sie ihre Pflicht tun könnte, bevor sie zusammenbrach. Hinter ihr zeugte eine riesige Flammensäule vom ersten Schlag, aber das bedeutete ihr nichts mehr. Sie zweifelte nicht daran, daß britische Raketen gen Osten sausten und daß die Steuerzahler etwas von dem vielen Geld hatten, das zur Ausbalancierung der Machtverhältnisse investiert worden war. Doch was machte das schon aus? Die Welt starb von Sekunde zu Sekunde, und sie fühlte eine seltsame Befriedigung darüber, daß sie in wenigen Minuten erlöst sein würde.
Als sie zum Forschungsinstitut kam, sah sie den diensttuenden Wachmann beim Parkplatz. Auch er war geblendet worden, als die SS 20 explodierte, und er torkelte jetzt im Kreis herum und feuerte aus seiner Pistole.
Isobel wartete geduldig, bis sie leergeschossen war, und ging zum Gebäude hinüber. Als sie eintreten wollte, bemerkte sie, daß alle Farbe aus der Welt hinweggebleicht war. Im Norden hatte eine Rakete die Atom-U-Bootbasis am Holy Loch zerstört.
Drinnen taumelte sie durch den Gang, ohne auf das Blut zu achten, das ihre Beine hinunterrann und auf dem spiegelglatten Linoleum eine Spur hinterließ.
Sie preßte sich gegen die Wand, als eine Gruppe von Kollegen, die von der Strahlung noch nicht berührt waren, auf sie zueilte. «O Gott, schaut ihre Haut an!» schrie ein Mädchen. Dann drängten sie sich schweigend an ihr vorbei, sich an die gegenüberliegende Wand pressend, als sei sie etwas Böses.
Wieder allein, schaffte sie es bis zur Luftschleuse und preßte die Knöpfe, die die große Tür öffneten. Warntöne schrillten auf, und auf Tonband gab eine Stimme Rat, was im unwahrscheinlichen Fall eines Atomangriffs zu tun sei.
Die Katzen schauten sie neugierig an, als sie in ihren Raum trat – noch nie hatten sie hier einen gewöhnlichen Menschen ohne Schutzanzug gesehen. Strauß krümmte den Rücken und richtete sich auf seine Hinterbeine auf. Die Krallen seiner Vorderpfoten hakten sich in das Gewebe ihres Kleides ein.

Tiggy stellte sich neben ihn; sie zeigte deutlich ihre Freude, während die Kätzchen mit ihrer Filzmaus spielten.
«Strauß, komm», hörte sich Isobel murmeln, obwohl jetzt Wellen von Übelkeit über ihr zusammenschlugen. «Komm, komm.» Aber die Tiere zögerten.
Sie versuchte, Strauß aufzuheben, aber er sprang zurück. Da nahm sie die Kätzchen auf und ging mit ihnen durch die Luftschleuse, wo ganze Reihen von Warnlichtern aufgeregt blinkten. Die beiden Katzen folgten ihr; Strauß hielt die Nase dicht am Boden, als ihn die Gerüche der Außenwelt trafen.
Aus Furcht, sie könnte das Hauptportal dem endlosen Korridor entlang nicht mehr erreichen, suchte sie einen Raum auf, in dem sie einen Notausgang wußte. Hier setzte sie ihre zappelnde Last ab und nahm ihre schwindenden Kräfte zusammen, um das Ausgangsrad zu drehen. Die Türe war nur angelehnt, als die Schockwelle der ersten Bombe die Bäume niedergelegt hatte wie eine Sichel die Ähren eines Kornfelds. Die Südwand des Instituts hatte sich in Staub aufgelöst und auf dem Parkplatz hatten sich die Wagen viele Male überschlagen.
Aus den Lautsprechern kam eine blecherne Stimme ab Tonband; sie wurde beinahe vom röhrenden Hurrikan übertönt, als sie stets aufs neue verkündete: «Alles Personal soll sich ruhig an die vorbestimmten Sammlungspunkte begeben ... Alles Personal ...» Aber es war kein Personal übrig, das gehorchen konnte.
Das Schrillen des heißen Windes erstarb, und Stille senkte sich hernieder. Im Süden glomm unheimlich England, im Norden Schottland.
Einen Augenblick lang beschnupperten die Katzen die tote Frau. Dann schritt mit hocherhobenem Schwanz Strauß hinaus, gefolgt von Tiggy und den Jungen, um sein Erbe anzutreten: die Welt.

10 Der große Gott Mau

Stella Whitelaw

In den kalenderlosen Tagen vor dem Erscheinen des Menschen schufen Vulkane in gewaltigen Ausbrüchen neue Bergkegel und riesige, von Wasser durchflossene Schluchten. Zu dieser Zeit erschien auch eine neue Tierart. Es war ein kleines kurzbeiniges Tier mit glatthaarigem Körper und langem Schwanz. Es hieß Miacis und war bestimmt, verschiedene Säugetierfamilien zu begründen, unter ihnen auch die Gattungsgruppe der Kleinkatzen.

Als der Mensch auftauchte, jagte er und sammelte Nahrung, aber er verzehrte keine Katzen. Sie waren zu nützlich, als daß man sie einfach hätte essen können. Er entdeckte, daß sie seine kostbaren Körnervorräte vor Ratten und Mäusen beschützte. So wurde die Katze zur Beschützerin der Kornspeicher und in Ägypten so heilig wie die Götter gehalten.

Die Katzengöttin hieß Bastet, Bast oder auch Pasht. Sie wurde als große, schlanke Frau mit einem Katzenkopf dargestellt, die in den Händen ein Musikinstrument hielt, einen Schild und einen Korb mit jungen Katzen. Ihr Tempel stand in Bubastis, östlich vom Nildelta, und war schöner als alle anderen Tempel.

Die Katze des Alten Ägypten war ein auffallend elegantes Tier mit langem Hals und schmalen Schultern, wildfarben oder rotbraun, ein Wesen von hoher Würde und großem Selbstbewußtsein. Katzen wurden auch gehalten, um die Familie vor Giftschlangen zu schützen, und es gab strenge Gesetze zu ihrem Schutz. Eine Katze zu töten, wurde mit der Todesstrafe geahndet.

Mau war eine solche hoch in Ehren gehaltene altägyptische Katze. Er wurde regelmäßig in den weitläufigen Tempel der Katzengöttin in Bubastis gebracht. Die lange Reise von Theben bis zu dem Tempel wurde in einem goldenen Boot zurückgelegt, und Mau wurde von eigenen Dienern begleitet. Der Pharao reiste in einem anderen Boot mit seiner Gemahlin. Sie kamen mit Pomp und Zeremonien zu den Festen, die zu Ehren Bastets abgehalten wurden.

Mau war jedesmal vom Glanz des Tempels beeindruckt, aber er zeigte das nicht. Hochragende Blöcke aus rotem Granit beherrschten den Platz. Auf jeder Seite verlief ein dreißig Meter breiter Kanal, und in der Mitte befand sich der Schrein der Göttin, überragt von hohen Palmen. Die Tempelwände waren in vielen Farben reich mit Szenen bemalt, die geschenketragende Herrscher zeigten. Die Göttin war so wichtig wie der große Gott Ra.

Mau genoß ebensoviele Ehren. Er durfte auf dem Deck seines Boots frei herumstreifen und auf einem seidenen Kissen schlafen. Er trug in einem seiner großen, spitzigen Ohren einen Goldreif, und sein Halsband war mit Juwelen besetzt, wovon die Smaragde zu seinen unergründlichen Augen paßten. An besonderen Tagen wurde ihm auch eine bronzene Halskette mit heiligem Anhänger umgelegt, und ein Amulett mit dem heiligen Sonnenauge des Gottes Horus. Mau duldete den Schmuck, war aber immer erleichtert, wenn er abgenommen und in ein goldenes Kästchen gelegt wurde.

In Bubastis gab es auch einen Katzenfriedhof, und viele ägyptischen Familien brachten die einbalsamierten Körper zur feierlichen Bestattung dahin. Die kleinen Mumien waren in Leinenstreifen gewickelt oder ruhten in einfachen Strohbehältern. Manche wurden in einem Sarg oder in einer katzenförmigen Kiste gebracht.

Mau wußte nichts von diesen Bestattungen. Der Pharao und dessen Gemahlin verehrten ihn, und er führte ein luxuriöses Leben, weil die große Göttin Bastet soviel Macht über Krankheit und Übel hatte. Mau wurde nicht wie Bastet angebetet, aber dem Pharao war er heilig, und niemand wagte einen Widerspruch.

Maus heilige Rolle begann so. Eines Tages jagten der Pharao und die Gemahlin im Nilsumpf, als plötzlich im Schilf der Kater

mit drei Wasservögeln erschien. Einen Vogel trug er zwischen den Kiefern, die anderen zwei drückte er mit den Pfoten zu Boden.
Die königliche Jagdgesellschaft war vom unvermuteten Anblick Maus überwältigt. Er schien ihnen eine Wiedergeburt der Katze zu sein, die auf dem Grabgemälde des Pharaos Thutmoses II. und seiner Gemahlin Hatshepsut abgebildet war; sie waren mit dem Sammeln von Lotusblüten beschäftigt gewesen, als ihnen eine ähnlich ungewöhnliche Katze erschienen war.
Man deutete das als ein Zeichen, und Mau kam mit ihnen in den Pharaonenpalast und wurde als heilig erklärt. Solche Vornehmheit ungewohnt, bestand Mau auf einem gewissen Maß an Freiheit. Der Palast war weiträumig, und Mau verbrachte seine Tage damit, die Hallen und Kornspeicher zu inspizieren. Er kannte jeden Daumenbreit der großen Höfe, Gärten und Zimmer, als hätte er sie erbaut.
Jeden Morgen ging er zum Teich mit seinen schattenspendenden Bäumen, wo er seine Krallen schärfen und die dummen Enten erschrecken konnte. Er schaute zu, wie die Diener Wasser schöpften, und ging dann den Viehställen und Hundezwingern entlang. Den Geruch von dort mochte er nicht.
Am liebsten hielt er sich in der Nähe der Küche und der Speicher auf, denn obwohl Mau an des Pharaos Tisch mit Huhn und Fisch aus goldener Schale gefüttert wurde, kamen ihm kleine Zwischenmahlzeiten gelegen. Die Diener gaben ihm kleine Leckerbissen und Ziegenmilch.
Der Pharao wußte nichts von diesen morgendlichen Streifzügen und bemerkte oft: «Wie heikel Mau beim Essen ist. Sieh doch, er nimmt nur das Beste vom Fisch. Wie wenig er ißt. Ein wahrer Gott wird vom Geist in seinem Innern genährt.»
In Wirklichkeit hatte der wahre Gott kaum je Hunger. Er suchte nämlich auch die Räume der Gemahlin und ihrer Frauen auf, wo man ihm Süßigkeiten gab und sein Fell mit silbernen Bürsten pflegte. Sie malten seine Krallen mit glänzender Emailfarbe an, und Mau fand dies seltsam und eigentlich nutzlos.

Am Mittag schlenderte Mau durch die große Empfangshalle, wo der Pharao täglich Gericht hielt und Geschenke und Belohnungen austeilte. Mau gesellte sich stets zu ihm. Er saß, lang und elegant, zwischen den Säulen, völlig unberührt vom Jubel der Menge. Die Leute waren der Ansicht, seine Anwesenheit sei ein gutes Zeichen. Sie zeige, daß Bastet ihnen gegenüber huldvoll sei.
Ein Diener fegte den Boden zwischen den beiden Säulenreihen; man bereitete ein großes Fest vor. Mau mochte den Diener, der Thut hieß. Er war ein einfacher, aber starker junger Mann, und er behandelte Mau gut. Manchmal vergaß er, daß Mau ein Gott war, und ging mit ihm um wie mit einer gewöhnlichen Katze. Mau gefiel das. Er mochte auch Merya, das Küchenmädchen, mit dem Thut so oft sprach. Sie hatte wunderschönes Haar, gewellt wie Seide.
Mau schaute zu, wie der Besen rhythmisch auf dem Boden hin- und herstrich. Er duckte sich, sein langer Schwanz mit der schwarzen Spitze peitschte. Schrecklich gern hätte er sich auf den Besen gestürzt und mit ihm auf dem Marmorboden gespielt. Thut bemerkte Maus Blicke und ließ den Besen schnell ein wenig hin und her tanzen, um die Katze zu locken.
Maus Schnurrbarthaare zuckten. Lange würde er nicht mehr widerstehen können. Ein leises Knurren stieg aus seiner Kehle. Der Pharao hörte es und fürchtete, die Göttin Bastet sei mißvergnügt. Schnell verdoppelte er das Gold, das er eben einem alten Diener für den Ruhestand gab. Der alte Mann fiel auf seine arthritischen Knie und stammelte erstaunten Dank.

Nachts wurde Mau in einem speziellen Schrein auf einem goldseidenen Kissen schlafengelegt. Das Kissen war glatt und unbequem, und so strich er nachts oft durch die Kornspeicher und Lagerräume. Gegen Morgen besuchte er die Räume der Diener. Er kannte das Zimmer, das Merya mit anderen Frauen teilte, und rollte sich zu ihren Füßen zusammen, möglichst ohne sie zu wecken.

«Oh, Mau», flüsterte sie eines Nachts entsetzt. «Mir wird etwas Furchtbares passieren, wenn es auskommt, daß ich mit einem Gott schlafe.»

Wenn es im Heiligtum Feiern gab, erwachte Mau von den Hymnen der Priester. Er ließ es zu, daß sie ihn in Parfum badeten und eine Goldkette um seinen Hals legten. Dann wurde er von einer Prozession von Priestern zum Großen Tempel getragen. Granitstatuen des Pharao türmten sich über ihm; jeder Zeh war so groß wie ein Tisch. Große Säulen ragten zum Dach empor und brachen dort in Malereien von Schilfrohren, Papyrusblumen und Lotusknospen aus. Es war alles sehr eindrücklich, doch die beständige Singerei machte ihn schläfrig. Aber wenn er einschlummerte, hob unter den Priestern ein Flüstern an, und so hielt sich Mau wach, indem er sich vorstellte, er fange die gemalten Vögel auf den Säulen.

«Wir werden den Nil hinunterfahren, zum Tal der Könige», sagte der Pharao. «Ich will sehen, wie mein Werk voranschreitet.»

Mau wäre fröhlich überallhin mitgegangen. Sie stiegen bei einem Landungssteg aus dem Boot und wurden dem Fuß der Klippen entlang geführt. Eine große Menge Rampen waren aufgebaut worden, und Steine wurden auf Schlitten von angeseilten Arbeitern hinaufgeschleppt. Es waren Tausende von Bauern, die nicht arbeiten konnten, solange das Land vom Nil überschwemmt war. Lange Konvois von Barken hatten die Steine aus fernen Steinbrüchen herangetragen, und Ochsen hatten sie die Uferböschung hinaufgezogen. Steinhauer bearbeiteten die Blöcke, und es herrschte ein ohrenbetäubender Lärm.

Mau fand dies alles sehr staubig und laut. Er nieste zweimal. So viele Leute, die durcheinanderwuselten ... Er war froh, daß Thut bei den Dienern war, die seine goldenen Eßgeschirre trugen. Er schaute zu, wie man Wasser vor die Schlitten goß, damit sie leichter hinaufrutschten, und versuchte, die Ohren vor dem Mann mit der Klapper zu verschließen, der den Rhythmus angab, damit sich die Kräfte aller Arbeiter miteinander vereinigten.

Mau sah nicht ein, wozu diese hektischen Anstrengungen gut waren, wenn die Leute doch im Nil hätten fischen oder in der Sonne dösen können. Er gab etwa zehn Minuten lang vor, die Arbeiten wie ein Herr zu begutachten, aber dann siegte die Langeweile, und er zog sich in den Schatten seines Bootsschreins zurück und schlief ein.
«Seht, der große Gott Mau ist zufrieden», sagte der Pharao beglückt. «Ihm gefällt mein Werk. Er meditiert mit den Göttern und überläßt meinen Händen das große Werk.»
Die Arbeiter jubelten ihm zu; sie glaubten ihm, obwohl der Pharao keine einzige Schaufel angefaßt hatte. Und die Arbeit ging weiter.

Als Mau einige Zeit später wieder einmal nachts im Kornspeicher herumstrich, fiel ihm auf, daß viele Leute herumrannten. Seine Nackenhaare sträubten sich – die Atmosphäre hatte sich verändert. Sie war mit etwas geladen, das er nicht verstand. Einen Moment lang war er alarmiert und versuchte mit allen Sinnen zu verstehen.
«Aber wo ist der große Gott Mau?» flüsterten sie zueinander. «Wo ist Mau? Wir müssen Mau finden.»
«Er ist hier», sagte Merya mit Tränen in der Stimme.
Eine Prozession von Booten verließ Theben und fuhr den Nil hinunter. Mau konnte sie nicht zählen. Noch nie hatte er eine so große Prozession gesehen, jedes Schiff beladen mit seltenen Schnitzereien und Statuen, Krügen voll Öl und Wein, Töpfen voll Milch, Kisten voll Gold und Juwelen, Papyrusrollen und wertvollen Ornamenten. Es gab Platten voller Früchte und Brot und sogar lebendige Vögel, deren Beine mit Faden zusammengeschnürt waren.
Das gab wohl ein ganz besonderes Fest, dachte Mau, als sie sich dem Landesteg näherten. Es sah ganz danach aus. Er beobachtete mit Interesse, wie die Vögel hilflos flatterten. Er war nicht hungrig, aber es lockte ihn, blitzschnell zuzuspringen.
Eine lange Reihe von Priestern und Dienern formte sich am

Landesteg. Sie begannen, an einem bootsförmigen Schlitten zu zerren, der mit Lotusblüten bedeckt war. Die Königin folgte, jammernd und klagend, und streute Staub auf ihr Haupt.
Die Prozession ging zuerst zum Bestattungstempel, wo Zeremonien ausgeführt und Innereien in Krüge gefüllt wurden. Mau verstand nicht, warum ihn niemand ansah, nicht einmal Thut. Die Priester zelebrierten den Mundöffnungsritus: heilige Tabletten wurden dem toten Pharao von seinem Sohn in den Mund und auf die Augen gelegt. Mau lief es kalt den Rücken hinunter, obschon, als die Mumie in den Schacht gesenkt wurde, die Sonne heiß vom Himmel brannte.
Er wurde durch einen engen Eingang in den Fels und durch einen dunklen Gang getragen. Er war unruhig, aber im Schein der Fackeln sah er, daß die Wände mit Inschriften und Szenen aus dem Leben des Pharaos geschmückt waren. Sie gingen an Lagerräumen mit Wohn- und Haushaltgegenständen vorbei. Die Prozession drang immer tiefer ins Herz des Berges hinein, und Mau roch die Feuchtigkeit, obschon Brunnen gegraben worden waren, um Überschwemmungswasser aufzufangen.
Sie kamen schließlich zu einer kleinen Kammer, wo die Mumie in einem großen steinernen Sarkophag lag. Die Wände waren von Malereien bedeckt, und es roch durchdringend nach Moschus und Gewürzen.
«Ich finde das grausam», murmelte Thut. «Gottlob wurde die Sitte, den König mit seinem Haushalt zusammen zu begraben, vor Jahren abgeschafft.» Er dachte an seine und Meryas Haut.
«Der große Gott Mau wird den Weg unseres toten Königs durch die Unterwelt sichern», sagte ein Priester. «Er wird ihm helfen, die Fragen der zweiundvierzig Menschen- und Tiergötter zu beantworten. Dann wird der Gott Osiris dafür sorgen, daß Mau zu uns zurückkommt. Ihr werdet schon sehen.»
Thut hoffte, er habe recht. Er fühlte zu Mau eine große Zuneigung, ob er nun ein Gott war oder nicht. Der Kater hatte ihn getröstet und auf seltsame Weise eine bessere Zukunft erhoffen lassen.

Mau saß aufmerksam auf seinem goldenen Kissen, die spitzen Ohren weit geöffnet in Erwartung eines Tons, der das Geheimnis der heutigen Ereignisse preisgeben würde. Er trug das schwerste der zeremoniellen Halsbänder, und das war ein schlechtes Zeichen. Das Halsband rieb gegen seine Schulterblätter; er hoffte, Thut nehme es bald weg.
Sie alle hörten ein tiefes Grollen und dann Poltern, als man begann, den Schacht mit Steinen und Erde aufzufüllen. Die Priester beschleunigten ihre Zeremonien, obwohl ihnen keine Gefahr drohte.
Thut legte seine Hand kurz auf Maus Kopf und berührte das kurze rötliche Fell. «Adieu, alter Freund», flüsterte er.
Die Bewegung fiel einem Priester auf. «Du wagst es, den großen Gott Mau zu berühren», zischte er. «Du wirst bestraft werden.»
«Bloß weil es Glück bringt», flehte der junge Thut und neigte seinen Kopf. «Ich bin niemand vor dem großen Gott. Ich bin sein Diener.»
«Aus dem Weg!» Die Priester eilten vorüber und gingen den Weg zurück, durch Gänge und über Treppen, bis zum Haupteingang des Grabs. Sie gaben den Befehl, den Eingang zu versiegeln und zu tarnen.
Mau schenkte seiner Umgebung zuerst keine Beachtung. Er glaubte an ein seltsames Spiel und wartete darauf, daß jemand komme und ihn hole. Er erinnerte sich, wo er in den Kornspeichern eine Maus gesehen hatte, und war ungeduldig, sie zu fangen.
Er nieste, als sich der Staub rund herum setzte und das Echo der Laute außerhalb der Kammer verstummte. Er hatte das Gefühl, allein zu sein. Schließlich streckte er die Beine und sprang vom Kissen herunter. Dabei entdeckte er, daß sein Halsband mit einer Kette am zierlich geschnitzten Stuhl befestigt war, auf dem das Kissen lag. Er knurrte die Kette an und schüttelte sie zornig. Er riß daran, sprang bald hierhin, bald dorthin, aber die Goldplatten um seinen Hals rissen ihn hart zurück.
Er kauerte sich am Ende der ausgestreckten Kette nieder, sein

Schwanz peitschte vor Wut. Aber es kroch auch die erste Angst in ihm hoch. Man hatte ihn noch nie angekettet. Wieder warf er sich gegen Kette, Stuhl und Kissen, bis er sich erschöpft hinlegte und einschlief.

Als er erwachte, glaubte er zuerst, wieder im Palast zu sein, bei den Gärten und dem schattigen, von Bäumen umgebenen Teich. Dann erinnerten ihn Dunkelheit, Geruch und das schwere Halsband daran, daß er noch immer ein Gefangener war. Er drehte und wand sich, legte die Ohren flach und versuchte, das Halsband über seinen Schädel zu ziehen. Dann begann er am Stuhl zu kratzen, aber er war aus Hartholz, und nach Stunden hatten seine Krallen ihn erst geritzt.

Er stieß einen lauten, durchdringenden Schrei aus, der durch die Gänge hallte. Die Kerzen flackerten in tiefen Wachsteichen, und der Weihrauch stieg gegen die Decke der Grabkammer. Es wurde allmählich sehr kalt.

Mit der Zeit quälten Mau Hunger und Durst. Er wußte, er wurde schwächer. Er mußte etwas zu essen finden, bevor er die Kraft, sich zu bewegen, verlor. Mit enormer Anstrengung schleppte er den Stuhl über den Felsboden; das Halsband grub sich in seinen Hals und würgte ihn. Viele Male mußte er anhalten und ausruhen. Zufällig stieß er einen der Krüge um; Wasser rann auf den Boden und sammelte sich in kleinen Lachen. Mau leckte es mit seiner ausgetrockneten Zunge begierig auf.

Er fand weithalsige Tonkrüge voll Korn und Datteln. Seine Urahnen, die Miacis, hatten Früchte gegessen. Mau schlang das Zeug hinunter; ihm war egal, was er aß. Vielleicht, wenn er sehr schnell war, könnte er eine Eidechse fangen. Sein Hals war wegen seiner Versuche, den Stuhl herumzuschleppen, voll offener Wunden. Er wurde magerer, und das Halsband lockerte sich, doch konnte er seinen Kopf immer noch nicht befreien. Der Handwerker, der den schweren Goldschmuck angefertigt hatte, hatte ihn sorgfältig angemessen.

Tage und Wochen gingen vorbei. Mau lebte in der Hölle. Die entzündeten Wunden bereiteten ihm ständige Schmerzen. Korn

und Datteln waren längst aufgegessen; jetzt aß er Kerzenwachs aus den dunklen Teichen. Er hatte die Außenwelt fast vergessen, aber er klammerte sich ans Leben. Seine Träume waren wirr, und viele Erinnerungen durchzuckten seine dünnen Glieder.
Er hörte kaum die leisen Schritte der Räuber, die verstohlen und vorsichtig den Gang herunterkamen. Ihre brennenden Fackeln warfen lange Schatten; es war ihr Licht, das Mau als erstes durch halbgeschlossene Augen wahrnahm. Er verharrte unbeweglich, als die Gestalten die Grabkammer betraten. Mau traute niemandem.
Die Männer hatten dunkle Gesichter und trugen zerfetzte Kleider. Sie flüsterten und zitterten vor Nervosität. Sie faßten den Steinsarkophag zuerst mit Ehrfurcht an, aber sie hatten Hebel in der Hand und bald suchten sie eine Fuge. Mau lag im Schatten und beobachtete sie; sein Herz schlug schwach gegen seine Rippen.
Eine Flamme schlug hoch und warf einen kurzen Lichtschein auf Maus Halsband. Einer der Räuber sah den Glanz des Goldes. Seine Augen leuchteten auf.
«Gold», flüsterte er aufgeregt. «Schaut euch das an, das ist durch und durch Gold.» Er erspähte die Leiche einer Katze, die im Dunkeln lag. Seine knotigen Finger arbeiteten an der schweren Schnalle des Halsbands und fanden den Weg, es zu öffnen. Es tat sich auf. Mau nahm all seine verbleibende Kraft zusammen, um durchdringend zu schreien.
«M ... A ... U ...», heulte er mit ohrenbetäubender Klarheit.
Die Räuber kreischten vor Furcht, ließen ihre Hebel fallen und fielen in ihrer Hast, die Grabkammer zu verlassen, übereinander. Sie stöhnten vor Angst, als sie weiterrannten, und hielten sich die Ohren zu, als Maus Schreie durch die Gänge hallten.
«Mau ... der große Gott Mau», jammerten sie, als sie durch die Finsternis stolperten. Mau lief ihnen nach, strich im Dunkeln durch ihre Beine, und die Berührung durch sein Fell steigerte ihren Schrecken. «Ah ... der Gott ... der Gott. Rette uns, sei gnädig und rette uns», schrien sie.

Sie kletterten und rutschten über die Steine, durch die sie sich am Eingang gegraben hatten, die Hände vor Schweiß schlüpfrig. Mau roch die frische Luft und sprang ihnen voraus, denn er spürte endlich die nahe Freiheit. Ungesehen raste er dem Lichtschimmer entgegen, wobei ihm ein letztes Aufbäumen seines Willens die Kraft dazu gab.
Er purzelte aus dem engen Loch in die Wüstennacht. Einen Augenblick lang hielt er inne, erstaunt über die glänzenden Wüstensterne im samtschwarzen Himmel und den berauschenden Sauerstoff der kühlen Nachtluft. Dann floh er wie der Wind. Ihm war gleichgültig, in welche Richtung; er genoß das Gefühl balsamweicher Luft, die durch die Fellbüschel auf seinem wunden Leib strich, und die Freude, frei zu sein ...
Der neue Pharao hatte seine eigene Dienerschaft mitgebracht, und alle früheren Diener waren anderswo eingesetzt worden. Thut war Backsteinmacher geworden und eben eifrig dabei, aus dem Schlamm nach der Überschwemmung Backsteine zu formen. Merya spann und braute Bier für die Arbeiter. Sie lebten zusammen in einem kleinen Haus, das mit Schilfmatten gedeckt war.
Thut legte eben Backsteine in die Sonne zum Trocknen, als Mau zu ihm kam. Der Kater war viele Tage gelaufen, und sein Fell verschwand unter dem Staub. Zuerst hatte Thut wie die Räuber Angst, aber als sich Mau Aufmerksamkeit erheischend an seine bloßen Knöchel schmiegte, begriff Thut, daß dies kein Gespenst war, sondern der lebendige Mau. Er umwand die Katze mit einem Stück Leinen und brachte sie Merya.
«Schau seine armen Wunden an», sagte sie mit Tränen in den Augen. «Und wie mager er ist. Bastet hat ihn uns gesandt, damit wir ihn pflegen.»
Sie gab ihm Ziegenmilch und Fisch, den Thut im Fluß gefangen hatte, und strich schmerzstillende Salbe auf die Wunden. Mau rührte sich nicht, als sie den Kräuterbalsam auflegte. Die Schilfhütte war kein Palast, aber offenbar hatte er immer noch seine Diener.

In dieser Nacht rollte er sich zu Meryas Füßen zusammen und ein tiefes, zufriedenes Schnurren drang aus seiner Kehle. Er würde jetzt schlafen, voller Vertrauen in die beiden Menschen.
«Aber wenn sie wissen, daß wir den großen Gott Mau haben, werden sie uns strafen», flüsterte Thut, der vor Sorge nicht schlafen konnte, seiner Frau zu.
«Pscht!» sagte Merya und streichelte sein dickes schwarzes Haar, als wäre er ein Kind. «Wer soll das denn merken? Katzen sehen einander ziemlich ähnlich. Und wer würde Mau hier, ausgerechnet hier vermuten?»
Am nächsten Morgen erhob sie sich vor Tag und nahm aus der Schachtel mit ihren Kostbarkeiten eine Feile. Mau hielt wiederum ganz still, als sie an seinen Krallen herumfeilte. Es kitzelte, und er zuckte hie und da vor Lust, sich nach beendigter Pediküre zwischen den Krallen zu lecken.
Sorgfältig sammelte Merya jedes Flöckchen Gold von seinen Krallen und schüttete es in eine kleine Tasche. Dann drehte sie sanft den Goldreif aus seinem Ohr und legte ihn zum Goldstaub.
«Jetzt erkennt dich keiner mehr», sagte sie. «Und wir werden das Gold in Zeiten der Not weise verwenden.»
Mau streckte sich und gähnte, dann leckte er ihre Hand mit seiner rauhen rosa Zunge. Er schüttelte entzückt den Kopf. Den Ohrreif hatte er immer gehaßt.
Draußen brannte die Sonne auf die Sümpfe, und Mau zog die duftende Luft ein. Es gab wildes Getier, das man jagen und erschrecken konnte, kleine Vögel zu belauern, Mäuse zu fangen und Fische zu angeln. Er sprang hinaus, um eine neue Dynastie zu begründen.

11 Erst mit Katzen wird's ein Heim

Judy Gardiner

Der frühe Abend lief bei den Leamingtons wie immer ab: Lokalnachrichten im Fernsehen, Kreischen und Platschen im Badezimmer. «Laß Fenella den Schwamm, Timothy. Du siehst doch, daß sie damit spielen will.»

Ein Mann in Südost-London hatte seit siebenundfünfzig Tagen den Schluckauf, die Fußballmannschaft von Queens war geschlagen worden, und der Rohölpreis stieg weiter. Leamington holte sich aus dem Kühlschrank ein Bier und nahm es mit ins Wohnzimmer. Er schaltete den Fernsehapparat aus und sank in seinen Sessel, die Zeitung in der Hand. An der Wohnungstür klingelte es.

Er tat nicht dergleichen. Als es nochmals klingelte, warf er die Zeitung zur Seite und ging zur Tür. Ein Mann, etwa gleich alt wie er, stand auf der Matte. Er trug einen kleinen Koffer in der Hand und schaute bittend drein. Leamington war sicher, daß der Fremde ihm etwas verkaufen wolle. Also lächelte er kurz und sagte, er kaufe nie etwas an der Wohnungstür.

«Entschuldigen Sie», sagte der Mann. «Ich heiße Brand und wohne ein Stockwerk tiefer. Meine Frau ist in ihren Kurs gegangen, und ich kann meinen Wohnungsschlüssel nicht finden.»

«Oh», sagte Leamington zögernd. «Unangenehm für Sie.»

«Ihr Schlüssel würde wohl kaum in unser Schloß passen, nicht wahr?»

«Kaum. Yale-Schlösser sind doch alle voneinander verschieden.»

Sie sahen einander unsicher an. Leamington fragte sich, was der Mann wohl in seinem Koffer hatte, und Brand bemerkte, daß Leamington seine Schuhe ausgezogen hatte. Sie lächelten beide.

«Kommen Sie doch herein», gab Leamington schließlich nach. «Warten Sie bei uns, bis Ihre Frau zurück ist.»

Er ging ins Wohnzimmer voran, wo das halbleere Bierglas stand.
«Trinken Sie etwas?»
«Nun ...»
Leamington holte noch ein Bier. Er goß es in ein Glas, gab es dem Besucher und deutete ihm, sich zu setzen. Dieser stellte sorgfältig seine Last ab, und Leamington sah, daß es kein Koffer, sondern ein Korb war.
«Unsere Katze», sagte Brand. «Ich habe sie eben beim Tierarzt abgeholt.»
«Wir haben auch eine Katze», sagte Leamington und setzte sich seinerseits. «Eine Katze, zwei Kinder und einen Goldfisch.»
«Also, zum Wohl.»
«Zum Wohl.»
Sie taxierten einander mit der höflichen Vorsicht von Männern, die einander vielleicht näher kennenlernen wollen. Brand war groß, hatte sandfarbenes Haar, volle Lippen und eine an Gummi erinnernde Nase. Er trug einen dunklen Anzug und ein gestreiftes Hemd.
«Wir haben gesehen, wie Sie einzogen», sagte Leamington. «Gefällt es Ihnen hier?»
«Die Wohnung ist kleiner als unsere letzte, aber der Arbeitsweg ist bloß halb so lang.»
«Was uns angeht», sagte Leamington, «möchten wir lieber zwei kleine Wohnungen als eine große. Wir haben ein Wochenendhäuschen in Suffolk.»
Aus dem Korridor ertönte das Geplapper von Kinderstimmen, das rasche Getrappel von bloßen Füßen auf dem Teppich. Die Tür flog auf, und zwei kleine Kinder, im Pyjama und nach Seife duftend, platzten ins Zimmer.
«Sagt Daddy Gutenacht», sagte die blonde Frau; sie hatte ihr Haar zurückgebunden und die Ärmel aufgerollt. Sie bemerkte Brand und lächelte flüchtig.
Die Kinder überwältigten Leamington, schlugen auf ihn ein, küßten ihn und zerrauften sein Haar.

«Gutenacht! Hört ihr, *Gutenacht!*» Leamington verschaffte sich Luft. Die blonde Frau zog die zwei Kinder von ihm weg und verschwand, unter jedem Arm eines.
«Was für nette Kinder.»
«Ja», sagte Leamington und glättete sein Haar. «In kleinen Dosen. Haben Sie welche?»
«Noch nicht», sagte Brand.
Im Korb zu seinen Füßen hörte man ein leises Kratzen und ein klagendes Miau. «Schon gut, Oskar, es dauert nicht mehr lange.»
«Heißt er Oskar?»
«Ja, nach einem Kerl, den wir in den Ferien in Jugoslawien kennenlernten.»
«Unsere heißt Kitty. Es ist eine Halbperserin.»
Die Blonde kam ins Zimmer zurück und krempelte die Ärmel herunter.
«Das ist Mr. Brand vom unteren Stock», sagte Leamington. «Er hat keinen Schlüssel zu seiner Wohnung.»
«Bill Brand. Freut mich, Ihre Bekanntschaft zu machen», sagte Brand und ging rasch durchs Zimmer, um ihre Hand zu schütteln. Sie duftete nach derselben Seife wie die Kinder, und er überraschte sich, wie er mit plötzlichem Verlangen ihre langen Beine, zierlichen kleinen Brüste und den flachen Bauch ansah.
«Freut mich», erwiderte die Blonde und nahm ohne Hast ihre Hand zurück.
Leamington hatte ihr einen Sherry eingegossen; sie setzte sich Brand gegenüber, als sie den Korb zu seinen Füßen bemerkte.
«Was ist da drin?»
«Unser Kater. Ich habe ihn beim Tierarzt abgeholt und meinen Wohnungsschlüssel vergessen; jetzt kann ich nicht hinein, bis meine Frau aus ihrem Kurs zurückkommt.»
«Ich habe Ihre Frau gesehen», sagte Leamingtons Frau. «Sie sieht nett aus.»
«Ich glaube, sie hat Sie auch gesehen.»
Es folgte eine kleine Pause, dann wanderte eine flauschige schwarze Katze mit Fellbüscheln in den Ohren ins Zimmer und

blieb, als sie Brand erblickte, stehen. Sie betrachtete ihn aus orangegelben Augen.
«Miez, Miez», zwitscherte Brand, dann erinnerte er sich. «He, Kitty, sag guten Tag.»
Die Katze bewegte sich auf ihn zu, zierlich und tänzerisch einen Vorderfuß vor den andern setzend. Dann erstarrte sie, als im Korb etwas knisterte.
«O.k., Kitty, das ist bloß Oskar», sagte Leamington. «Sei nett zu Oskar, er ist dein neuer Nachbar.»
Kitty blieb regungslos stehen und schnupperte zum Korb hin. Das Orange ihrer Augen verschwand hinter großwerdenden schwarzen Pupillen.
«In meiner Familie liebt man Katzen», sagte Leamingtons Frau. «Meine Mutter hatte einmal sieben davon.»
«Interessant», sagte Brand und versuchte, weder ihre kleinen Brüste noch ihren flachen Bauch anzusehen.
«Aber wir haben natürlich das Nötige für Kitty tun lassen. Wir fänden es beide grausam, wenn sie ein Leben lang Junge haben müßte...» Sie reichte hinter ihren Kopf und öffnete die Spange, die ihr Haar festhielt. Es fiel wie Goldregen nach vorne, und sie schüttelte es mit einer kleinen sinnlichen Kopfbewegung aus dem Gesicht.
«Noch ein Bier?» schlug Leamington vor und nahm Brand das leere Glas aus den Fingern.
«Ich glaube, jetzt kommt meine Frau bald.»
«Wo brennt's denn? Stecken Sie einen Zettel an Ihre Tür, damit sie weiß, wo Sie sind.»
«Habe ich schon gemacht», gestand Brand. «Aber ich will Ihnen nicht lästig fallen.»
«Quatsch», sagte Leamingtons Frau mit Entschiedenheit. «Wir wollten Sie beide ohnehin an einem Abend einladen.» Sie reichte Leamington ihr leeres Glas; er füllte es wieder. «Wie gefällt es Ihnen hier?»
«Sehr gut», sagte Brand. «Meine Frau und ich finden, wir hätten es nicht besser treffen können.»

«Und Oskar?» Sie beugte sich vor und spähte durch das Korbgitter, eine Hand um ihr Fußgelenk geschlungen.
«Hat gar keine Schwierigkeiten gemacht. Du bist zufrieden, gelt, Oski?»
Als sein Name erklang, fing der Kater an, die Zeitungslagen im Korb aufzukratzen. Der Korb erzitterte.
«Lassen Sie ihn doch heraus», schlug Leamington vor. «Kitty hat nichts dagegen.»
Mit den Gläsern in der Hand betrachteten sie die Kätzin, die sich jetzt unter den Kaffeetisch verzogen hatte. Sie lag mit um den Körper gerolltem Schwanz und eingeschlagenen Pfoten da und schaute den Korb aufmerksam an.
«Soll ich?» Brand zögerte. «Er haßt es, eingesperrt zu sein.»
«Warum mußte er zum Tierarzt?» fragte Leamingtons Frau.
«Ach, nichts Ansteckendes.» Brand nestelte an den Riemen, die den Korbdeckel festhielten. «Das Übliche, wenn Sie mich verstehen.»
«Ich verstehe», sagte sie. In diesem Augenblick öffnete sich die Tür ein bißchen weiter, und der Kopf einer Frau erschien.
«Verzeihung. Die Wohnungstür war nur angelehnt, und da dachte ich ...»
«Kommen Sie herein!» sagte Leamington herzlich. «Nett, Sie kennenzulernen, Mrs. hm –!»
«Brand», sagte die Frau und kam lächelnd, mit ausgestreckter Hand, ins Zimmer. Sie war groß, majestätisch, strahlend, und es war sofort klar, was für einen Kurs sie besucht hatte: einen Schwangerschaftskurs.

Obwohl der Deckel des Korbs jetzt weit offenstand, schickte sich Oskar noch nicht an, herauszusteigen. Er saß gespannt und aufrecht und begutachtete den fremden Raum, die vier Menschen darin und die andere Katze, die unter dem Kaffeetisch kauerte. Er war hell- und dunkelrot getigert.
«Ich liebe Katzen», sagte die schwangere Frau. «Wir hatten immer welche daheim, als ich noch ein Kind war.»

«Ich finde, erst mit Katzen wird's ein Heim», stimmte Leamingtons Frau zu. «Wie ein Kaminfeuer und bequeme Pantoffeln.»
«Haben Sie hier einen Kamin?» fragte Brands Frau und schaute sich um.
«O nein, ich dachte an unser Wochenendhaus. Hier heizen wir elektrisch.»
«Natürlich, ja. Wir auch.» Sie lächelten einander an, zufrieden, in so kurzer Zeit Gemeinsames entdeckt zu haben.
«Ich hab Sie einmal im Reformhaus gesehen», sagte Leamingtons Frau.
«Ich bin ja nicht leicht zu übersehen, nicht wahr?»
«Wann ist es fällig?»
«Anfangs des nächsten Monats.»
«Schön ... Wünschen Sie sich einen Jungen oder ein Mädchen?»
«Ganz ehrlich, uns ist beides recht ...»
Leamingtons Katze schaute noch ein Weilchen das Tier im Korb an, erhob sich dann plötzlich und verließ den Raum. Sie ging in die Küche und aß die Reste ihres Futters, damit die andere Katze es nicht bekommen sollte.
Im Wohnzimmer stieg der rote Kater aus seinem Korb, schnüffelte am Teppich herum und kletterte dann behutsam auf Brands Schoß. Brand knetete seine Ohren, und Leamingtons Frau lächelte ihm zu und sagte: «Wollt ihr beide nicht einen Happen mit uns essen? Ich hab' heute nachmittag eine Pizza gebacken, und sie ist zu groß für uns zwei.»
Die Brands zögerten und schauten einander fragend an.
«Wir müßten eigentlich nach Hause gehen ...»
«Wir müßen auch an Oskar denken ...»
«Mir scheint, Oskar geht es ausgezeichnet», sagte Leamington. Dann schaute er zum erstenmal voll auf den großen runden Bauch von Frau Brand. «Und wir haben hier jemand, der seine Kräfte schonen muß, nicht wahr?»
«Sie haben ja so recht», sagte Brand lachend. «Es ist sehr streng, ein Vater in Erwartung zu sein.»

«Ach wo», sagte Leamingtons Frau von der Türe her. «Sie haben Ihren Teil bereits geleistet.»
Sie lachten alle. Sie wußten, sie waren im Begriff, Freunde zu werden. Leamington brachte zwei Flaschen Chianti aus dem Supermarkt herein, und seine Frau belud den Servierwagen mit Tellern, Pizza, Salat, Biskuits und Käse und rollte ihn aus der Küche herein. Kater Oskar bewegte sich auf Brands Schoß; er suchte einen bequemen Fleck für die schmerzende Stelle, an der seine Hoden gewesen waren.

Gabeln klapperten, Gläser klirrten. Eine fröhliche Picknick-Atmosphäre, weil man die Teller auf den Knien balancierte, in unerwarteter, angenehmer Gesellschaft. Brand war jetzt hemdärmelig.
«Timothy kam glatt und schnell, aber Fenella war eine Steißgeburt.»
«Steißgeburten haben wir letzte Woche im Kurs behandelt. Ist da wirklich ein großer Unterschied?»
«Eigentlich nicht. Solange der Arzt seine Sache versteht», sagte Leamingtons Frau, an einem Radieschen kauend.
«Meine Geburt wird eingeleitet.»
«Liegt ein besonderer Grund vor?»
«O nein. Aber mein Arzt findet, man solle die Dinge nicht unnötig in die Länge ziehen.»
«Klug von ihm.»
«Und er wäre auch am tatsächlichen Datum in den Ferien.»
«Ach so. Also wann ...?»
«Wir haben uns für den dritten entschieden. Das ist ein Freitag, und mein Mann kann dann wahrscheinlich freinehmen.»
«Ein verlängertes Wochenende also.»
«Ja, so haben wir es uns vorgestellt.»
Kitty kam ins Zimmer zurück, heimlich ihre Lippen leckend. Sie trabte zum Sofa hinüber, auf dem die beiden Frauen saßen, und sprang auf den Schoß von Leamingtons Frau.
«Nein, Kitty – nicht solang wir essen ...»

«Wir lassen Oskar sogar auf unserem Bett schlafen.»
«Nun, wir halten es ähnlich. Die Schwierigkeit ist, daß sie unser Leben teilen und man kaum darum herumkommt, sie wie Menschen zu behandeln.»
«Oh, Oskar gehört wirklich zu uns wie ein Mitglied der Familie. Ich hoffe, er wird nicht eifersüchtig sein, wenn das Baby kommt.»
«Das glaube ich nicht. Katzen sind erstaunlich intelligent, und er wird rasch verstehen, daß das Ihr Junges ist.»
«Mein Junges», wiederholte Brands Frau und streichelte verstohlen ihren Bauch. «Welch nette Vorstellung.»
Als Biskuits und Käse aufgegessen waren, goß Leamington den Rest des Chianti ein.
«Eigentlich sollte ich nicht», sagte Brands Frau. «Ich bekomme Sodbrennen.»
«Wenn ich das sagen darf», sagte Leamington sehr förmlich, «ich finde, Sie sehen superb aus.»
«Danke!» Sie lächelte und hielt ihm ihr Glas hin.
Und als hätte Leamington etwas ganz besonders Scharfsinniges gesagt, senkte sich eine Stille auf das Gespräch, und einen Augenblick lang war das Zimmer von einer mächtigen, urtümlichen Gegenwart erfüllt. «Superb» war das einzig mögliche Wort nicht nur für Brands Frau, sondern auch für ihren Zustand. Niemand bewegte sich außer Kitty, die still vom Schoß ihrer Herrin auf jenen der schwangeren Frau glitt. Der war zwar nur ein schmales Sims, aber sie kuschelte sich gegen die dichtbepackte Baby-Wölbung, fing an zu schnurren und mit den Pfoten dagegenzutreten.
«Ich hab's doch gesagt», flüsterte Leamingtons Frau. «Sie verstehen viel mehr, als wir glauben.»
Sie ging hinaus, um Kaffee zu kochen.

Während die Pfanne voll Wasser auf dem Herd stand, brachte sie ein Tellerchen voll Milch.
«Wir haben den armen Oskar ganz vergessen. Komm, mein Guter, komm und trink ein wenig Milch ...»

Geschmeidig wie eine Tänzerin stellte sie den Teller auf den Teppich, vor Brands Füße. Oskar zuckte zurück, und Brand, der ihn streichelte, dachte: Mein Gott, was für einen Körper hat diese Frau. Sie kann nicht mehr als fünfundfünzig Kilo wiegen, und alles ist perfekt. Und das nach zwei Schwangerschaften.
«Los, Oski», sagte er. «Schau, was im Teller ist.»
Er stellte den Kater auf den Boden, und alle, samt Kitty, schauten ihn an, wie steif und unbeholfen er dastand, den Schwanz von sich weggestreckt, als gehöre er nicht zu ihm.
Vorsichtig näherte er sich dem Teller, roch daran, schaute alle im Raum der Reihe nach durchdringend an und ließ sich dann zum Trinken nieder.
«Es ist eine scheußliche Sache, zum Tierarzt zu gehen», sagte Brands Frau leise.
«Lassen Sie ihn jedes Jahr impfen?»
«O ja.»
«Wir auch. Es kostet ein kleines Vermögen, aber das ist sie uns wert.»
«Katzenheime nehmen sie in den Ferien gar nicht an ohne Impfzeugnis.»
«Ich weiß. Manchmal frage ich mich, ob es nicht pure Geldmacherei ist, aber wenn etwas passierte ...»
«Genau. Sie gehören zu unserem Leben, und wir behandeln sie wie uns selbst.»
Lautlos und ohne Eile verließ Kitty den Schoß von Frau Brand und tappte über die Armlehne des Sofas. Nach einem Umweg hinter dem Stereogerät hindurch näherte sie sich Oskar von hinten. Mit geweiteten Augen und Nüstern nahm sie seinen Geruch auf und berührte ihn schließlich mit der Nase. Seine Augen öffneten sich, und er sprang seitwärts weg.
«Er hat sie *angespuckt!*» lachte jemand.
«O Oskar, wie unhöflich. Und dazu noch bei Fremden!»
Mit ruhiger Entschlossenheit wandte sich Kitty dem Teller zu, legte säuberlich den Schwanz um sich herum und kauerte nieder, um den Rest der Milch zu trinken, während der Eindringling

dastand und zusah. Dann setzte er sich sorgfältig und wartete, was als nächstes passieren würde.

Gläser und Kaffeetassen waren leer. Krumen auf dem Boden, ein träges Gefühl der Völle. Den Leamingtons und Brands kam es vor, als seien sie seit Jahren befreundet.
«Werden Sie dabeisein?»
«Was – bei der Geburt? Natürlich.»
«Ich war beidemal dabei, als unsere Kinder auf die Welt kamen.»
«Nicht so einfach, oder?» Brand sah mit einer Mischung aus Vorsicht und Neugier zu Leamington hinüber.
«Jedenfalls etwas, das man nie vergißt, das ist sicher», antwortete Leamington. Er wollte eigentlich mit viel Gefühl hinzufügen, in einer technokratischen Welt sei eine schwangere Frau etwas Wirkliches, etwas Haltgebendes. Aber er war zu lethargisch und beschloß, Brand solle das selber herausfinden.
«Noch Kaffee?» Leamingtons Frau trat zu ihnen und streckte die Hand nach den Tassen aus. Sie lehnten dankend ab, und Brand stellte sich vor, wie schön die Frau ausgesehen haben mußte, als sie schwanger war. Superb, das war das richtige Wort.
«Eine Frau in unserem Kurs will auf allen vieren gebären», erzählte Frau Brand.
Wieder neben ihr sitzend, strich Leamingtons Frau ihr langes blondes Haar zurück und sagte: «Ich beneide Sie. Mein Gott, wie ich Sie eben jetzt beneide.»
Ihre Stimme verklang in der stillen Luft. Die beiden Männer lächelten verträumt.
Die Sommerdämmerung brachte lilagetönte Schatten hervor. Neben Brands Stuhl schaute Kitty tief in Oskars Augen, erhob sich dann und ging unauffällig hinter das Sofa. Verstohlen folgte er ihr.
Endlich allein, untersuchten sie einander gründlich; die Nasen und die Schnurrbarthaare berührten sich. Eine Pfote schlagbereit, beschnüffelte sie seine Ohren, und er hielt geduldig still, als ihre Nase sanft seinen Rücken hinunterwanderte, kurz innehal-

tend, als sie auf den brutalen Geruch von Desinfektionsmitteln stieß. Da war noch ein wenig getrocknetes Blut, und sie leckte die Stelle behutsam sauber. Er knurrte, ließ sie aber gewähren. Schon gewöhnte er sich an ihren Geruch. Er konnte darin lesen, was man mit ihr zu ihrem eigenen Besten getan hatte, und als traurige kleine Geste des Annehmens rieb er mit der Wange ihren Hals. Sie setzten sich zusammen nieder, die Füße unter den Körper gesteckt: zwei vielgeliebte, gutgepflegte, kleine leere Gefäße.

«Sagten Sie, auf allen vieren gebären?» fragte Leamingtons Frau plötzlich vom Sofa her in die Stille hinein. «Mein Gott – wie ein Tier.»

12 Samkins Rache

Mark Ronson

Ich heiße Samkin.

Ich bin tiefschwarz. Früher war ich schwer, aber seitdem ich in den Wäldern lebe, bin ich mager geworden. Die Tigerkatze drüben auf der Hollow Oak Farm hat mich vor ein paar Nächten verhöhnt, weil ich nur aus Haut und Knochen bestehe. Die hat gut reden; sie bekommt täglich was zu futtern und kann jede Nacht bei der warmen Asche des Herdfeuers schlafen.

Aber ich überlebe. Ich kann bloß nicht mehr so schnell zupacken wie früher. Es gab eine Zeit, da schoß ich einen Baum hinauf und fing eine Drossel, ehe sie die Flügel spreizen konnte. Jetzt muß ich hart arbeiten, um ein junges Kaninchen zu fangen. Und die Tage werden kälter.

Manchmal, wenn ich nachts zusammengerollt im Heidekraut liege, träume ich, ich sei wieder in Mistress Martens kleinem Haus und schnurrte pflichtschuldigst auf dem Schoß der alten Frau, die mir Geschichten aus ihrer Jugend erzählt.

Ich mochte sie von dem Augenblick an, da sie mich aus dem Wurf beim Müller auslas. Sie war einsam und sprach viel mit mir; darum verstehe ich ziemlich gut, was die Menschen sagen. Sie gab mir regelmäßig zu essen, und sie war auch gut zu anderen Tieren. Im Winter streute sie den Vögeln Brosamen – bis sie sah, wie ich die Vögel belauerte, einfach so zum Spaß.

Meine Meisterin wußte Kräuter so zu mischen, daß sie Krankheiten heilten. Auch wir Katzen wissen ja, an welchen Gräsern wir zu bestimmten Zeiten nagen sollen. Menschen aus dem Dorf kamen zum kleinen Haus heraus, um Heilmittel zu holen.

«Meine Großmutter lehrte mich, Medizinen und Salben herzustellen», sagte sie jeweils. «Schade, daß ich kein Großkind habe, dem ich die Rezepte weitergeben könnte.» Dann sah sie unglücklich aus, wie die Menschen es immer sind, wenn ihre Augen regnen. «Mein Sohn Robin starb an der englischen Krankheit, gleichzeitig mit seinem Vater – mögen sie beide in Frieden ruhen.»

Dann und wann folgte ich ihr zu dem großen Haus, das sie Kirche nennen. Im Garten wuchsen Steinkreuze. Sie legte Blumen auf zwei Erdhügel und redete leise, obschon ich niemanden sehen konnte. Wenn wir heimkamen, wußte ich, daß sie traurig war, denn sie hatte mehr Zeit für mich als sonst. Nach dem Abendessen saß sie am Feuer und streichelte mich und redete und redete. Manchmal sagte sie: «Wie bin ich doch einfältig. Ich rede mit einer armen stummen Kreatur, die mich nicht verstehen kann.»

Sie ahnte nicht, daß ich viel von dem, was sie mir sagte, verstand. Die meisten Menschen unterschätzen unsere Intelligenz seit den fernen Tagen, da Katzen und Menschen ihren Vertrag miteinander schlossen: Bewachung der Kornvorräte gegen Obdach und Milch.

Als ich noch ein kleines Kätzchen war, hatte meine Meisterin ein paar Freundinnen – alte Frauen wie sie selbst –, die sie besuchten und mit ihr eine nach Äpfeln riechende Medizin tranken. Sie lachten viel und kicherten über längst vergangene Dinge. Aber als ich älter wurde, kamen immer weniger, und die Meisterin ging dafür öfter in den Kirchgarten. In den letzten zwei Jahren kamen keine Freundinnen mehr. Nur junge Mädchen klopften noch nachts an und wünschten einen «Liebestrank», oder eine Mutter suchte Heilsalbe für ihr Kind. Und auch solche Besuche wurden immer seltener.

«Ich brauche ein Mittel gegen Fieber, Mistress Marten», sagte eine der allerletzten Besucherinnen. «Aber sagen Sie bitte niemand, daß ich Ihre Medizin nehme, sonst ergeht es mir schlecht im Dorf.»

«Wieso?» fragte meine Meisterin. «Seit Jahren kommt das Dorf zu mir.»

«Es ist wegen dem Pfarrer. Er verkündet unentwegt, was gut ist und was böse. Er redet nur von Sünde, Höllenfeuer und Gottes

Zorn. Von der Kanzel herab sagt er, Kräuter seien des Teufels, und nur Gebete könnten heilen. Aber ich habe gebetet, und meinem Mann geht es trotzdem nicht besser.»
«Er ist jung und aus der Stadt», sagte meine Meisterin. «Mit der Zeit wird er sich an uns Landleute gewöhnen. Der alte Pfarrer – Gott hab' ihn selig – kam zu mir, wenn er ein Abführmittel brauchte, und vom Teufel war da nie die Rede.»

Bald nachher gab es Streit zwischen meiner Meisterin und Timothy Wandyke, dem die Wiese neben unserem Haus gehört; das war der Anfang des Verhängnisses.
Ich erwachte, wie ich noch weiß, an diesem Morgen früh und sah, wie meine Meisterin ihren Umhang über die Schultern zog.
«Kommst du mit, Samkin?» fragte sie. «Es ist ein schöner Morgen, um taufrische Kräuter zu sammeln.»
Ich entrollte mich in meiner Strohkiste am Herd und beschloß, mitzugehen. Vielleicht kreuzte eine Wühl- oder eine Feldmaus meinen Weg. Überhaupt ging ich gerne hinter ihr, während sie zu mir sprach. Wie die meisten Katzen habe ich nichts gegen die Aufmerksamkeit der Menschen, selbst wenn sie nur im Klang einer Stimme besteht.
Wir machten uns auf den Weg, den Hecken entlang, und bald hatte meine Meisterin ihren Korb mit Pflanzen gefüllt.
«Hier ist Sauerklee, Samkin», sagte sie. «Er ist gut fürs Herz. Und hier wilder Borretsch. Schau, Samkin, seine Blüten sind wie kleine blaue Sterne. Man kann eine Salbe gegen Runzeln draus machen. Und das da ist Eisenhut, den brauchen wir nicht ...» So plauderte sie, und ich wälzte mich vor Entzücken über die Düfte, die aus ihrem Korb strömten.
«Was tun Sie auf meiner Wiese, Mistress Marten?»
Die unerwartete Stimme bebte vor Zorn, so daß ich schnell in die Hecke schlüpfte. Meine Meisterin richtete sich auf, die Hände voll Grünzeug.
Hinter ihr stand ein gedrungener Mann, den ich als Timothy Wandyke kannte.

«Je, Tim, du bist ja an diesem schönen Morgen voll Wut und Zorn!»
«Gewiß, wenn ich ein böses Weibsbild auf meinem Land sehe, gegen das der Pfarrer predigt.»
«Aber Tim, seit vielen Jahren hat mir dein Vater erlaubt, auf dieser Weide Kräuter zu sammeln.»
«Mein Vater ist ein törichter alter Mann, und ich leiste keine Hilfe bei Teufelswerk. Also verschwinde!»
«Timothy Wandyke, was für Schaden habe ich angerichtet? Als du klein warst und Keuchhusten hattest, habe ich dich geheilt. Bist du vielleicht böse, weil ich dir meinen kleinen Obstgarten nicht verkaufen will?»
Einen Moment lang wußte der große Mann nichts zu sagen. Dann nahm er ihr ihren Korb weg und streute die Kräuter auf die Wiese. Meine Meisterin wandte sich ihrem Haus zu und rief dabei «Samkin, Samkin!» Ich verließ den Schutz der Hecke und folgte ihr, den Schwanz hoch erhoben, um zu zeigen, daß mir der Zorn des Bauers keinen Eindruck machte.
«Und halt auch deinen Höllenfreund fern», schrie er. «Ich dulde hier keine Satansbrut.»
Er warf seinen Stock, der mich am Hinterbein traf. Ich sprang in die Luft und hinkte dann davon, so schnell ich konnte.
«Wie diesem Geschöpf ergehe es dir selbst», schrie meine Meisterin. «Mögst du nie um meine Heilmittel flehen müssen!»
Im Haus schöpfte sie gelben Rahm von der Milch ab, als Trost für mich, und nahm mich auf ihre Knie. Ich mußte schnurren, weil mich mein Knie schmerzte.
«Ach Samkin», sagte sie und knetete meine Ohren so, wie ich es gern hatte. «Ach Samkin, ich verstehe die Welt nicht mehr.»
Bald verbreitete sich die Nachricht, Timothy Wandyke hinke, seitdem ihn sein Stier mit den Hörnern erwischt habe, und sein jüngstes Kind liege mit Fleckfieber darnieder. Aber seine Frau kam nicht wie früher übers Feld, um ein Heilmittel zu holen. Meine Meisterin, die zusehends gebrechlicher und gebeugter wurde, mied das Dorf. Einmal ging sie doch mit Blumen die Gasse hinunter zum Kirchgarten.

Als sie zum Tor kam, riefen ein paar Burschen ein Wort, das ich nicht kannte. «Hexe!» Ich sollte es noch oft hören.
Einer schlug ihr die Blumen aus der Hand, und ein anderer las eben einen Stein auf, als der Lehrer – er war jung und neu im Dorf – herbeieilte und die Burschen vertrieb. Als sie heimkam, hob meine Meisterin mich auf, und ich fühlte, daß ihr Herz flatterte wie ein junger Vogel, den man im Mund trägt.
«Ach, schwarzer Samkin, in der ganzen Welt bist du das einzige, das mir bleibt», flüsterte sie. Ich wollte ihr helfen, indem ich die Pfoten gegen sie stieß, aber über ihre Schulter hinweg sah ich, wie sich etwas am Fenster bewegte. Gegen das Sonnenlicht hatte sich ein menschlicher Kopf abgezeichnet, der plötzlich verschwand. Mir schwante, es würde bald etwas Gräßliches passieren. Obschon ich mir einbilde, ich verstünde Menschen ebensogut wie jede andere Katze – vielleicht sogar besser, denn ich bin ausnehmend intelligent –, hatte ich keine Ahnung, was dies sein würde, und ich verstand es auch nicht, als es uns tatsächlich überfiel. Es war Menschenzeug, und ich kann nur erzählen, was geschah.
Am nächsten Tag saß ich in meinem Hinterhalt in den süßduftenden Büschen, als Menschen den Weg heraufkamen und mein Schwanz bei ihrem Anblick zu kribbeln begann. Da war der Pfarrer, und neben ihm hinkte Timothy Wandyke, und da war noch ein Fremder mit sehr großen, dunklen Augen, Fell auf seinem Kinn und Haar, das unter einem hohen Hut hervor auf seine Schultern fiel. Er trug einen schwarzen Mantel über dem schwarzen Wams und Hosen, und seine Reitstiefel waren aus weichem Leder und hatten Sporen dran. In der Hand trug er einen langen Stab.
Hinter ihm kam ein Mensch mit einem Fuchsgesicht, und eine Frau, die wie ein Mann ausschritt. Eine Gruppe von Dorfbewohnern folgte etwas weiter zurück; sie stießen einander an und zeigten auf die Fremden.
Sie hielten vor unserem Haus an und warteten. Der Pfarrer

redete so aufgeregt mit dem Mann in Schwarz, daß Speicheltropfen auf seinem Kinn glitzerten. Aus der entgegengesetzten Richtung kam das Klappern von Pferdehufen, und heran ritt der rotgesichtige Richter, der nur glücklich war, wenn er über die Felder galoppieren konnte. Jetzt schaute er drein, als wäre er lieber weit weg. Ich hatte am Morgen gesehen, wie Menschen zur Jagd ritten, und ich nahm an, er wäre lieber bei ihnen gewesen.
«Nun, Pfarrer», sagte er, «was soll dieser verdammte Unsinn?»
«Ich wollte beim sanften Jesus, es wäre Unsinn, Sir Richard. Aber unser Seelenheil ist in Gefahr, und da habe ich in meiner Not den General-Hexenjäger gerufen.»
Der Mann in Schwarz verbeugte sich.
«Matthew Hopkins, mit Verlaub», sagte er. «Und dies ist mein ergebener Assistent John Stearne und meine Stecherin Goody Phillips. Um des Anstands willen wird sie es sein, die an geheimen Stellen der angeklagten Frau nach Hexenmalen suchen wird.»
Der Richter murmelte etwas von «verfluchten Puritanern» und stieg ab.
«Scheint mir immer noch der reine Unsinn», sagte er. «Die alte Dame ist ein bißchen wunderlich, aber im Alter geht es uns allen so.»
«Sie würden anders reden, wenn Sie verhext worden wären und Ihr Kind im kalten Grab läge», begann Timothy Wandyke zornig, aber der Pfarrer gebot ihm Schweigen. «Du wirst später Gelegenheit haben ...»
«Ich nehme an, Sir Richard, daß Sie an der Existenz von Teufelsjüngern nicht zweifeln», unterbrach der Mann in Schwarz. «Sonst leugnen Sie auch die Existenz des Teufels und damit notwendigerweise die Existenz Gottes.»
«Keine Gotteslästerung beabsichtigt», sagte der Richter eilig. «Wieviel kostet dieser Mummenschanz die Pfarrgemeinde?»
«Sir, meine Ansätze sind bescheiden», antwortete der Mann in Schwarz mit zornig blitzenden Augen. «Der Besuch eines Dorfes kostet zwanzig Schilling, woraus ich meine Spesen und die mei-

ner Begleiter samt dreier Pferde bezahlen muß. Und für jede Überführung bekomme ich weitere zwanzig Schilling.»
«Ja, ich habe gehört, Sie hätten in Stowmarket dreiundzwanzig Pfund verdient.»
«Stowmarket war bös verseucht. Aber mein Vater war Priester, und ich bin glücklich, auf meine Weise die Arbeit des Herrn zu tun.»
«Dann vorwärts mit der Arbeit des Herrn.»
Der Pfarrer hämmerte an unsere Türe und schrie: «Mistress Marten, im Namen Gottes gebiete ich Ihnen, die Tür zu öffnen.»
Langsam ging die Tür auf, und sie gingen hinein. Während die Dorfbewohner sich an der Schwelle drängten, kletterte ich zum kleinen Fenster in der Rückwand hinauf. So konnte ich durch einen Spalt in der Tür der Speisekammer zuschauen.
Meine Meisterin war weiß wie Milch und setzte sich auf ihren Stuhl am Feuer. Der Mann in Schwarz, Stearne und Goody Phillips standen an der Wand, und der Richter entfaltete ein Papier, das ihm der Pfarrer gegeben hatte.
«Jane, ich wünschte bei Gott, ich müßte dir das nicht vorlesen», sagte er. «Aber es ist meine gesetzliche Pflicht, und ich verspreche dir, daß das Verfahren gesetzestreu sein wird. Du wirst folgender Dinge angeklagt.
Erstens, daß du Zaubertränke gebraut hast.
Zweitens, daß du mit Teufelskünsten Krankheiten geheilt hast, was sich am Jüngsten Gericht zeigen wird, wenn die so geheilten Teile der Wiederauferstandenen verfaulen werden.»
Der Richter schaute den Pfarrer ungläubig an, aber der nickte und sagte: «Das lehrt die Kirche.»
«Drittens haben Zeugen gesehen, wie du auf dem Kirchhof mit den Toten sprachst.
Viertens sollst du Timothy Wandyke verhext haben, so daß er lahm wurde und sein Kind an einer Krankheit starb.»
Ich verstand nicht alles Aufgezählte, aber als mein Name fiel, spitzte ich die Ohren.
«Schließlich, Mistress Jane Marten, hast du einen Höllendiener

in Form einer schwarzen Katze, die du Samkin nennst und die du an einer Teufelszitze säugst.
Wenn du diese Anklagen nicht widerlegen kannst, bleibt mir nichts anderes übrig, als Matthew Hopkins, dem General-Hexenjäger, zu erlauben, dich auf Unschuld oder Schuld zu prüfen. Was sagst du dazu?»
Als der Richter das Papier verlas, hatte meine Meisterin den Kopf in den Händen vergraben, und ich sah am Zucken ihrer Schultern, daß sie in ihrem Gesicht Regen machte. Aber jetzt schaute sie die Leute an.
«Unwahr – es ist alles unwahr», sagte sie leise. «Ihr alle wißt, daß ich Kräutertränke gemacht habe wie meine Mutter vor mir, und niemand hat je etwas dagegen gesagt. Denkt, wie oft sie geheilt haben. Warum soll ich daran schuld sein, daß Tim Wandyke einen Stier hat, der wild war, seitdem er den alten Joseph, den Kuhhirten, auf die Hörner nahm. Ebensowenig kann ich für den Tod seiner Emily; ich hätte sie, hätte man mich geholt, vielleicht heilen können. Und warum nennt ihr mich Hexe, jetzt da ich alt bin und mit niemandem mehr sprechen kann außer mit meiner Katze.»
«Ah», sagte der Mann in Schwarz lächelnd. «Du gibst zu, daß du mit deinem Höllendiener sprichst.»
Meine Meisterin wurde verwirrt, als er sie mit Fragen zu bedrängen anfing. Als sie ihm nicht mehr antworten konnte, schauten der Pfarrer und Stearne einander an, als freuten sie sich, und Goody Phillips rieb sich auf dem Rücken die Hände. Die Dorfbewohner hörten mit offenem Mund zu, und immer wenn der Mann in Schwarz Atem holte, schrien sie «Ah», als ob sie alles längst gewußt hätten.
Schließlich wandte sich der Mann in Schwarz an den Richter und den Pfarrer und sagte: «Meine Herren, ich erkläre, daß genügend Gründe für eine genaue Untersuchung vorliegen, und wenn sich erweist, daß diese Frau einen Pakt mit dem Teufel eingegangen ist, soll sie nach Gesetz verurteilt werden ...»
«Sie erzählen dummes Zeug», sagte eine neue Stimme, und alle

drehten sich um, als sich der Lehrer Eingang verschaffte. «Mistress Marten hat über sechzig Jahre in diesem Dorf gelebt, und wem hat sie Schaden zugefügt – und wem hat sie nicht mit ihren Kräutersalben geholfen? Was soll sie denn verbrochen haben, frage ich? Daß sie mit ihrer Katze spricht! Aber ist das so ungewöhnlich? Sir Richard, richten Sie keine Worte an Ihr Jagdpferd oder den Hund?»
Der Richter schlug mit der Peitsche gegen die Stiefel.
«Schulmeister, ich bin ein einfacher Mensch, und dies hier geht über meinen Horizont. Aber um ehrlich zu sein: Natürlich spreche ich bei der Jagd anfeuernde Worte zu Caesar ...»
«Die Heilige Schrift sagt: ‹Eine Zauberin sollst du nicht am Leben lassen.› Exodus 22, Vers 18», schrie der Pfarrer.
«Mir scheint, Sie lieben besonders das Alte Testament», sagte der Lehrer. «Aber ich kann mir nicht vorstellen, daß unser Erlöser verlangt hätte, alte, töricht gewordene Frauen hinzurichten ...»
Die Dorfbewohner fingen an, die Streitenden anzufeuern, so wie sie es tun, wenn sie einen Hahnenkampf verfolgen. Da erhob der Mann in Schwarz beide Arme und sagte gebieterisch: «Schluß mit Diskutieren. Goody Phillips, fang mit der Untersuchung an.»
Die große Frau zog meine Meisterin auf die Füße. «Öffne dein Gewand», sagte sie.
Meine Meisterin verstand sie wohl nicht, und Goody Phillips zerriß ihr Kleid, so daß sie im Hemd dastand. Dies zog Goody herunter, worauf die Meisterin bis zum Gürtel entblößt dastand und an der Türe Gelächter ertönte.
«Hat man je schon so lange Zitzen gesehen!»
«Da hat etwas Schweres dran gehangen.»
«Der alte Nick wahrscheinlich.»
Meine Meisterin versuchte, die Hände über der Brust zu kreuzen, und ihr Gesicht hatte wieder Farbe bekommen.
Der Mann in Schwarz wollte Goody eine lange Nadel geben. «Stechen ist nicht nötig, Master Hopkins», sagte sie und zwang die Arme meiner Meisterin hoch. «Da», schrie sie, «das Hexen-

mal!» Und mit einer Hand deutete sie auf etwas an ihrer Seite, das die Menschen Warze nennen.

Ein erschrecktes Murmeln kam von den Dorfbewohnern, doch nun trat der Lehrer vor. «Bei Gott», rief er, «wir sind doch im siebzehnten Jahrhundert! Wer von euch hat keine Warzen oder Knoten, und seid ihr deswegen alle Hexen?»

«Goody hat soviel Erfahrung, daß sie eine Warze und eine Teufelszitze voneinander unterscheiden kann», sagte der Mann in Schwarz.

«Keine Verurteilung ohne Geständnis», murmelte der Richter.

«Sir, bevor ich Hexenjäger wurde, habe ich in Ipswich die Rechte studiert», sagte der Mann in Schwarz. «Es wird eine weitere Untersuchung geben, denn ich bin fair. Und wenn wir sicher sind, gibt es ohne Zweifel auch ein Geständnis. Führt uns jetzt bitte zum Mühleteich.»

Goody Phillips und Stearne zerrten meine Meisterin aus dem Haus. Das ganze Dorf war draußen, und alle machten sich auf den Weg zur Mühle, singend und lachend, als gingen sie an die Kirchweih. Ich ging jenseits des Grabens mit und sah, wie oft meine Meisterin stolperte. Mit brüchiger Stimme bat sie Goody Phillips um eine Pause.

«Laßt sie verschnaufen und bedeckt ihre Blöße», sagte der Richter. «Ich bin sicher, in ein paar Minuten ist der Mühleteich immer noch da.»

Meine Meisterin saß auf der Böschung und rang nach Atem, während der Lehrer zum Haus zurückrannte und eine Decke holte, die er um sie legte. Die Dorfbewohner ließen Bier aus der Schenke kommen.

Ich kroch durch das Gras, so nahe ich es wagen konnte, und die Meisterin sah mich. «Samkin», schrie sie. «Lauf fort, Samkin!»

Ich verschwand in den Büschen, und Rufe erhoben sich: «Sie ruft ihren Gehilfen!»

«Ich habe ihn gesehen», kreischte eine Frau, und wies mit dem Kinn in die falsche Richtung. «Er hatte Augen wie Kohlen, zwei Köpfe und den Teufelshuf.»

Die Leute wichen zurück. Ein paar junge Mädchen zeigten auf einen Baum und schworen, sie sähen auf dem obersten Ast ein Wesen mit Fledermausflügeln.
«Schluß mit dem Unsinn», knurrte der Richter. «Bringen wir diese mißliche Sache hinter uns.»

Am Mühleteich erklärte der Mann in Schwarz: «Wenn Mistress Marten schuldig ist, wird das Wasser sie nicht aufnehmen; sie bleibt oben. Wenn sie unschuldig ist, wird sie wie jedes andere Gotteskind versinken, und wir retten sie mit Seilen.»
Goody Phillips befahl meiner Meisterin, sich am Ufer niederzulegen, und Stearne band ihre großen Zehen mit Schnur an ihre Daumen. Dann schlang er zwei Seile um ihre Mitte. Der Mann in Schwarz hielt das eine Seil fest, und Stearne zog sie mit dem andern ins Wasser. Einen Augenblick lang versank sie, aber dann kam sie wieder an die Oberfläche, Schlamm im Haar.
«Sie schwimmt», riefen alle. Sie versank tatsächlich nicht, aber ich glaube, das lag an der Art, wie die beiden Männer die Seile hielten.
«Sie ist schuldig, wie in King James' Buch über Hexerei geschrieben», sagte der Pfarrer.
Meine Meisterin wurde ins Dorf zurückgeschleppt, und dort gingen alle in die große Kornhalle. Ich kannte sie gut, denn ich hatte dort zwischen den Kornsäcken manche Ratte gefangen. So war es nicht schwer für mich, durch eine geheime Lücke zwischen den Dachbalken auf die Galerie zu klettern, wo ich alles von oben sah.
Meine Meisterin saß allein an einem Ende der Halle; ihr armer alter Körper zitterte im naßen Hemd. Die Menschen standen dicht gedrängt auf der anderen Seite. In der Mitte saß der Richter an einem Tisch. Er hatte ein Buch vor sich liegen und hielt einen Federkiel, mit dem er zuweilen in seinen Zähnen stocherte.
«Mistress Marten», sagte er ruhig. «Ich fordere Sie auf, sich zum Verbrechen der Hexerei zu bekennen und uns zu Protokoll zu geben, welcher Natur Ihr Pakt mit Luzifer ist.»

«Ich habe nichts zu gestehen», brachte meine Meisterin mühsam hervor. «Wem habe ich ein Leid zugefügt?»
«Mir und den Meinen», schrie Timothy Wandyke. «Sie sandten ihren Diener – Sumpkin oder wie er heißt – aus, um mein Kind zu vergiften ...»
«Und sie war es, die mein Haferfeld mit Mehltau überzogen hat», rief ein anderer Bauer.
«Nur einer aufs mal», sagte der Richter. «Du zuerst, Bauer Wandyke. Und sprich langsam, ich kann nicht so schnell schreiben.»
Timothy Wandyke erzählte, wie er meine Meisterin mit ihrem Gehilfen auf seiner Wiese angetroffen habe, als sie Kräuter für ihre Zauberei sammelte, und wie sie ihn verflucht hatte, so daß er lahm wurde.
Mich fiel in meinem Versteck unwiderstehlich das Gähnen an, als nach ihm alle anderen kamen, die etwas über meine Meisterin zu erzählen wußten. Sogar ein junges Mädchen, das sich bei uns erst vor wenigen Tagen einen Liebestrank geholt hatte, beschrieb, wie die Meisterin mit mir gesprochen und wie ich ihr geantwortet hatte. Natürlich sagte ich oft ‹Miau› zu ihr, und ich verstand nicht, warum davon soviel Aufhebens gemacht wurde.
Ich leckte meinen Pelz und döste, bis ich von der zornigen Stimme des Lehrers geweckt wurde, der verlangte, man solle meine Meisterin freilassen.
«Es liegt kein Geständnis vor», schrie er.
«Das kommt schon noch», sagte der Mann in Schwarz.
«Ja, wenn ihr sie lange genug quält», sagte der Lehrer. «Aber soviel ich weiß, Herr Hexenjäger, gibt es noch eine andere Probe, die man für untrüglich hält und die vom Gesetz für schlüssig befunden wird. Wenn Sie wirklich an die Macht des Bösen glauben, müssen Sie diese Probe als verbindlich anerkennen.»
«Was für eine Probe ist das?»
«Man hat in Hexenprozessen festgestellt, daß ein Teufelsgehilfe stets zur Hexe zurückkehrt, die ihn säugt, selbst wenn sie in

einem Raum eingeschlossen ist, den kein lebendes Wesen betreten kann. Behalten wir also Mistress Marten hier, verschließen wir alle Eingänge und sehen wir dann zu, ob ihr Diener bei ihr erscheint. Wenn das nicht der Fall ist, sage ich, soll sie freigelassen werden.»

«Sind Sie einverstanden, Master Hopkins?» fragte der Richter und lächelte zum erstenmal.

Der Mann in Schwarz beriet sich flüsternd mit Stearne und nickte dann.

«Wer will, kann hierbleiben und wachen», sagte der Richter. «Ich komme nach dem Frühstück wieder.»

«Durchsucht die Halle, damit wir sicher sind, daß kein Lebewesen drin ist», sagte der Pfarrer, als der Richter in der Dämmerung verschwand. Die Dorfbewohner machten sich an den Türen zu schaffen, schlossen sie und kontrollierten alle Fensterläden. Viele schwankten, wie das Menschen tun, die etwas getrunken haben, das sie Bier nennen.

Als sie zur Galerie kamen, war es für mich ein Leichtes, mich zu verstecken – eine schwarze Katze ist in der Dunkelheit schwer zu sehen.

Die Meisterin saß am Tisch in der Mitte der Halle, bei einer Lampe, und der Pfarrer kniete vor ihr, preßte seine Hände zusammen und sprach sehr laut mit jemand, den er «O Herr» nannte.

Meine Meisterin stöhnte vor sich hin, und von Zeit zu Zeit packte Stearne sie an den Schultern und sagte: «Gesteh und mach es uns allen leichter; am Schluß kommt's doch aufs selbe hinaus.» Sie schüttelte nur den Kopf.

Ach, wie ich wünschte, wir wären in unserem kleinen Haus und die Meisterin schöpfte für mich den Rahm von der Milch. Aber ich wußte – Katzen wissen solche Dinge –, daß diese glücklichen Abende nie mehr wiederkehren würden. Allerdings kann auch eine Katze den Lauf des Schicksals nicht ändern, und so döste ich in meinem Versteck wieder ein.

Ich erwachte, weil ich Weinen hörte. Ich reckte mich, schlich die Treppen hinunter und sprang auf den Schoß meiner Meisterin, schnurrend und mit den Pfoten gegen ihren Leib tretend.
«Samkin!»
Ich antwortete mit einem lauten «Miau».
«Jesus Christus, rette unsre Seelen!»
Ich drehte den Kopf und sah, wie die Menschen erwachten und auf die Füße sprangen.
«Ihre Schuld ist erwiesen», schrie der Mann in Schwarz. «Ihr Gehilfe hat sich gezeigt.»
«Ich treibe dich aus, Satansgeschöpf», intonierte der Pfarrer. «Verschwinde, schrecklicher Dämon, an deinen dir zugeteilten Platz und kehre nicht wieder, die Diener des Allmächtigen Gottes zu plagen.»
Erschreckt sprang ich auf den Tisch und warf die Lampe um, so daß es dunkel in der Halle wurde. Die Nacht ist die Freundin der Katzen, und während ich hörte, wie Funken geschlagen wurden, rannte ich die Treppe hoch.
«Samkin ist gekommen und gegangen, wir alle können es bezeugen», sagte der Mann in Schwarz, als die Lampe wieder brannte. «Erleichtere dein Gewissen und gesteh!»
Goody Phillips und Stearne packten meine Meisterin bei den Armen und liefen hin und her mit ihr. Dabei wurde sie von den Füßen gerissen, und so schleppten sie sie hin und her wie Müller einen Kornsack. Hin und her, hin und her, bis sie sagte, was sie wollten.
«Hast du Master Timothy verhext, so daß er lahmgeht?» fragte der Mann in Schwarz.
«Was ihr wollt ... Aber laßt mich in Ruhe.»
«Hast du Samkin ausgesandt, damit er das Kind Emily vergifte? Das leugnest du nicht?»
Ein Seufzer entrang sich den Zuschauern, als meine Meisterin den Kopf sinken ließ.
Ich verließ die Halle durch mein Geheimloch unterm Dach und ging zu unserem Haus. Im Mondlicht sah ich die Türe offenste-

hen; die kleinen Fenster, aus denen ich als Junges geschaut hatte, waren zerbrochen, und innen war das Haus leergeräumt. Es war nichts zu essen da, und ich wußte, von jetzt an würde ich mich von meiner Jagdbeute ernähren müssen.

Bald nach der Morgendämmerung erwachte ich in einem Straßengraben. Nicht Vogelgesang hatte mich geweckt, sondern das Trampeln von Stiefeln auf der frostharten Straße. Durch Büschel von Weiderich sah ich eine Prozession von Dorfbewohnern. Meine Meisterin stolperte zwischen Stearne und Goody Phillips einher; der Pfarrer und der Mann in Schwarz gingen hinter dem Pferd des Richters.

Ich lief hinter den Hecken mit, bis wir zur Wegkreuzung kamen, auf der ein Pfahl errichtet worden war, umgeben von aufgeschichtetem Stroh, Reisig und Scheitern. Meine Meisterin erschauerte, als der Schmied sie an den Pfahl kettete.

Auf seinem Pferd entrollte der Richter ein Papier und las mit seltsam zittriger Stimme: «Mistress Marten, du hast gestanden, der Hexerei schuldig zu sein. Du hast auch gestanden, Emily Wandyke durch Zauberkünste vergiftet zu haben. Deshalb, nach dem Gesetz unseres Landes, wirst du durch Feuer hingerichtet, nicht wegen der Hexerei, die in England, anders als in papistischen Ländern, nicht mit dem Tode bestraft wird, sondern als Giftmischerin, was – abgesehen von Hochverrat – mit Recht als größtes Verbrechen angesehen wird und worauf der Feuertod steht. Deshalb genehmige ich deine Strafe ...»

Er rollte das Papier zusammen und schaute auf den Pfarrer und den Mann in Schwarz hinunter. «Nun tut, was ihr müßt.» Und er galoppierte über die Felder davon.

«Ich möchte eines sagen, ehe diese gesetzliche Hinrichtung ausgeführt wird», sagte der Mann in Schwarz. «Nach meiner Erfahrung gibt es, wenn eine Hexe gefunden wird, noch andere in der Nähe. Hexen schließen Bünde und beten ihren Meister auf Kirchhöfen und in Druidenringen an. Und ich rieche, daß es hier noch mehr Böses gibt.»

Die Leute ließen ein ängstliches Murmeln hören.
«Meine Gehilfen und ich werden deshalb auf eigene Kosten hierbleiben, bis alle Hexen gefunden sind. Und glaubt nicht, daß sie alle Frauen sind wie Mistress Marten. Hexerei gibt es bei beiden Geschlechtern und in allen Ständen. Ihr habt wohl gehört, daß ich in Brandeston das Geständnis von John Lowes erwirkte, eines Geistlichen, der einen Teufelsdiener aussandte, um ein Schiff zu versenken.
Seid auf der Hut, und wenn ihr bei euren Nachbarn etwas Merkwürdiges seht, laßt es mich heimlich wissen.»
Er trat zurück, worauf sich der Pfarrer zum Holzstoß begab, auf dem meine Meisterin angebunden stand.
«Ich gebe dir die letzte Gelegenheit zu bereuen», sagte er und hielt sein schwarzes Buch hoch.
«Ich friere», sagte die Meisterin. «Gebt mir doch bitte ein wenig Wärme und laßt mich heimgehen; Samkin sollte seine Milch bekommen.»
Einige lachten, und dann schien sich die Welt mit Schweigen anzufüllen, als der Schmied das Stroh zu den Füßen meiner Meisterin entzündete. Sie beugte sich vor und hielt die Hände über die Flamme.
«Danke, guter Herr», sagte sie.
Der Schmied entzündete mit seiner Fackel alle Strohbündel rundherum und trat zurück, als das Feuer um meine Meisterin hochschlug, so daß ich nur noch ihren Kopf und die Schultern sehen konnte. Ihr Mund war offen, aber ich hörte keinen Ton durch das Röhren der Flammen. Dann lohte ihr Haar auf.

Wenn ich nicht mit Jagen beschäftigt war, dachte ich darüber nach, was geschehen war. Mir schien, der Mensch, der für den Tod meiner Meisterin die Schuld trug, sei der Pfarrer. Er war es, der sie schlechtgemacht und den Mann in Schwarz gerufen hatte, der nun im Dorf blieb. Aber auf mir nicht verständliche Weise war offenbar auch ich schuld. Wäre ich in jener Nacht nicht zu ihr gegangen, hätten die Menschen sie vielleicht nicht verbrannt. Sie

hatten Angst vor mir gehabt. Ich begriff, daß mir dies Macht verlieh.
An jenem Tag schlich ich in den Kirchhof. Ein paar Leute versenkten eine Kiste in den Boden. Regen glänzte auf ihren Gesichtern, und der Pfarrer las aus seinem schwarzen Buch. Ich sprang auf einen der moosbedeckten Steine und schaute ihn mit weit offenen grünen Augen an. Als er sein Buch sinken ließ und seine Stimme erstarb, blickten ihn die Leute erstaunt an. Er fuhr mit der Hand über seine Augen, und als er wieder aufschaute, hatte ich mich hinter einem Stein versteckt.
Von da an sorgte ich dafür, daß ich ihm oft erschien. Einmal ging ich ihm in die Kirche nach, wo er vor einem Tisch mit einem Kreuz drauf vor sich hin murmelte. Ich setzte mich darauf, und als er die Augen öffnete, sah er mich.
«Hör auf, mich zu verfolgen, Teufelsgeschöpf», schrie er und schaute angstvoll in den Kirchenraum. «Gütiger Herr, wenn das jemand sähe ...» Er warf das schwarze Buch nach mir.
Als der Tag kam, an dem die Glocken läuten, ging ich zur Kirche, wo die Dorfbewohner versammelt waren, und schlüpfte durch die Seitentüre des Pfarrers hinein. Ich kam in einen kleinen Raum, und da die Tür zum Innern der Kirche etwas offen stand, konnte ich sehen, was dort vorging.
Der Pfarrer saß in seinem Stuhl und der Mann in Schwarz sprach zu den Leuten. «Gestern abend haben wieder zwei die Stichprobe nicht bestanden», sagte er. «Die Nadel drang in ihr Fleisch, ohne daß sie Schmerz fühlten. Sie haben aber noch nicht den Namen des schwarzen Priesters genannt, der ihren Sabbatfeiern vorsteht. Früher oder später werde ich ihn finden, denn ich habe keine Ruhe, ehe das Übel ausgerottet ist.»
Als er weitersprach, blickten ihn die Kirchgänger mit entsetzten Augen an. Oft rief der Pfarrer mit lauter Stimme «Amen» dazwischen.
Da wußte ich genau, was ich tun würde.
Ich rannte in die Kirche, hüpfte auf die Knie des Pfarrers und rieb mein Gesicht an dem seinen.

«Samkin!» schrien mehrere Stimmen voller Schrecken.
Der Pfarrer sprang auf die Füße, aber ich hielt mich an seiner Schulter fest und miaute laut.
«Das Teufelsgeschöpf kommt aus der Hölle zurück!» schrie der Mann in Schwarz.
Ich floh zur Tür. Zurückblickend sah ich, wie der Mann in Schwarz mit seinem Stab auf den Pfarrer zeigte. Der Schmied und andere umringten ihn, und Stearne zwinkerte Goody Phillips heimlich zu.

Der Pfarrer ist jetzt nicht mehr da. Ich lebe noch immer in den Wäldern.